中等职业教育“十三五”规划教材
中职中专会计专业“营改增”系列教材

税务会计

蔡秋娜 主 编
谢 铨 李树斌 李斌红 副主编

科学出版社
北 京

内 容 简 介

本书根据我国税收法律法规、《企业会计准则》，并结合最新的财税政策，采用结构化教材编写模式编写而成。全书共有8章，内容包括税务会计总论、增值税会计、消费税会计、关税会计、出口货物退（免）税会计、企业所得税会计、个人所得税会计、其他税会计。每章分为四个模块，分别是目的要求、重点难点、要点回顾、能力训练，并采用“知识拓展”的形式介绍了主要税种的申报流程，以体现教材的新颖性和独特性。

本书可作为中等职业学校会计及会计电算化专业的教学用书，也可作为企业在职财务会计人员及财务会计爱好者的学习、参考用书。

图书在版编目（CIP）数据

税务会计/蔡秋娜主编. —北京：科学出版社，2018

（中等职业教育“十三五”规划教材·中职中专会计专业“营改增”系列教材）

ISBN 978-7-03-028176-0

Ⅰ.①税… Ⅱ.①蔡… Ⅲ. ①税收会计-中等专业学校-教材 Ⅳ. ①F810.62

中国版本图书馆CIP数据核字（2018）第030862号

责任编辑：贾家琛 李 娜 / 责任校对：刘玉靖
责任印制：吕春珉 / 封面设计：东方人华平面设计部

科学出版社 出版
北京东黄城根北街16号
邮政编码：100717
http://www.sciencep.com
北京虎彩文化传播有限公司 印刷
科学出版社发行 各地新华书店经销
*
2018年3月第 一 版 开本：787×1092 1/16
2020年9月第二次印刷 印张：10 1/4
字数：243 000

定价：29.00元

（如有印装质量问题，我社负责调换〈虎彩〉）
销售部电话 010-62136230 编辑部电话 010-62135763-2015

前　言

税务会计是中等职业学校会计专业的核心专业课程，它是将会计的基本理论、基本方法和企业纳税业务相结合而形成的一门学科，是融税收法规和会计核算于一体的专业会计，是现代会计的一个特殊领域，越来越受到企业的重视。

本书的主要特点表现为以下几点。

1）内容新颖实用，反映了营业税改征增值税的财税政策。经国务院批准，自2016年5月1日起，在全国范围内全面推开营业税改征增值税试点，建筑业、金融业、生活服务业等营业税纳税人，纳入试点范围，由缴纳营业税改为缴纳增值税。至此，营业税改征增值税政策在全国范围内全面推开。基于此，编者依据财政部与国家税务总局制定的最新财税政策编写本书，力争体现教材的新颖性与实用性。

2）贴近企业实践，体现了以就业为导向的职教特色。本书以企业的经济业务为基础设置例题，进行主要税种的讲解，对每一个重要的知识点都配套设计贴近企业实际经济业务的例题，详细讲解各税种计算、申报、缴纳及会计处理等内容，并且配备相关申报、缴纳计算机操作样图，以方便学生系统、清晰地了解各税种的内容，掌握各税种的计算、申报、缴纳及会计处理，提高学生对企业税收业务核算的技能。

本书由广东省汕头市外语外贸职业技术学校蔡秋娜担任主编，由汕头市澄海职业技术学校谢铨、李树斌、东莞理工学校李斌红担任副主编，由广东省汕头市鮀滨职业技术学校罗绍明（高级讲师）担任主审，参与编写的人员有汕头市外语外贸职业技术学校黄妙璇、东莞市电子科技学校李梦、潮州市职业技术学校康建华、每日税讯微信公众号专栏撰稿人郑昱。具体编写分工如下：蔡秋娜编写第1章、第2章，并负责全书统稿；谢铨编写第3章；黄妙璇、李梦编写第4章；康建华、郑昱编写第5章；李树斌编写第6章、第7章；李斌红编写第8章。

由于编者水平有限，加之时间仓促，书中不足之处在所难免，恳请读者批评指正。邮箱地址：928286333@qq.com。

编　者

2018年1月

前言

目　录

第1章　税务会计总论

【目的要求】

1. 掌握税务会计的概念;
2. 了解税务会计与财务会计的联系和区别;
3. 理解税务会计的类型、对象和目标;
4. 理解税务会计的基本前提和原则;
5. 掌握税收制度的要素。

【重点难点】

1. 税务会计的基本前提;
2. 税务会计的原则;
3. 税收制度的要素。

1.1　税务会计概述

1.1.1　税务会计的概念

税务会计是社会经济发展到一定阶段而产生的。它是企业会计的一个特殊领域，是以财务会计为基础，对财务会计中按会计准则进行的会计处理，与国家现行税收法规不一致的会计事项，由税务会计进行纳税调整或重新计算。因此，税务会计是融税收法令和会计核算为一体的一种特种专业会计，是介于税收学与会计学之间的一门边缘学科，是税务中的会计，会计中的税务。也就是说，税务会计是以国家现行税收法规为准绳，以货币计量为基本形式，运用会计学的理论和方法，连续、系统、全面地对税款的形成、计算和缴纳、退补，即对企业涉税事项进行确认、计量、记录和申报，以实现企业最大税收利益的一门专业会计。

1.1.2　税务会计与财务会计的比较

1. 两者的联系

税收通过法律发挥作用，并引导会计“怎样做”，从而影响会计的具体行为。税收对会计的影响是调节性的。企业决策者则要求在国家法律、制度许可的范围内，执行某些会计政策。但会计的规范、计量方法、处理方法等也会反作用于法律、税收和企业决策者。

税务会计并不要求企业在财务会计的凭证、账簿、报表之外再设一套会计账表（纳税报表及其附表除外）。现代会计应具备多重功能，诸如财务功能、税务功能、管理功能、成本分析功能、经济效益分析功能等，企业只需设一套完整的会计账表，平时只依会计准则做会计处理，需要时可依现行税法等做调整，以发挥其多种功能，满足不同需要。税务会计资料来源于财务会计，它对财务会计处理中与现行税法不符的会计事项，或出于税务筹划目的需要调整的事项，按税务会计方法计算，并调整会计分录，再融于财务会计账簿或财务会计报告之中。

2. 两者的区别

（1）目标不同

财务会计所提供的信息，除为综合部门及所有者等有关经济利益者服务外，也为企业本身的生产、经营服务；税务会计则要按现行税法和缴纳办法计算应纳税额，向税务机关等信息使用者提供税务会计信息，正确履行纳税人的纳税义务，充分享受纳税人的权利。

（2）对象不同

企业财务会计核算和监督的对象是企业以货币计量的全部经济事项，包括资金的投入、循环、周转、退出等过程，而税务会计核算和监督的对象只是与计税有关的经济事项，即与计税有关的资金运动。这就是说，原来在财务会计中有关税款的核算、申报、解缴的内容，划归税务会计，并由税务会计作为核心内容分门别类地阐述，企业财务会计只对这部分内容做必要的提示即可。

（3）核算基础、处理依据不同

税收法规与会计准则存在某些差别，其中最主要的差别在于收益实现的时间和费用的可扣减性。税收制度是收付实现制与权责发生制的结合，因为计算应税所得是要确定纳税人立即支付货币资金的能力、管理上的方便性和征收当期收入的必要性，这与财务会计所依据的持续经营假定（假设）是相矛盾的，这便是税务纳税年度自身存在独立性的倾向。财务会计只是遵循会计准则处理各种经济业务，会计人员对某些相同的经济业务可能有不同的表述、出现不同的会计结果，应该认为是正常情况。而税务会计不仅要遵循税务会计的一般原则，还要严格按现行税法的要求进行会计处理，具有强制性、客观性、统一性。

（4）计算损益的程序不同

税收法规中包括修正一般收益概念的社会福利、公共政策和权益条款，强调“会计所得”与“应税所得”的不同。税务会计坚持历史成本，不考虑货币时间价值的变动，更重视可以预见的事项，而财务会计却可以有某些不同。税务会计和财务会计既不能要求对方适应自己，也不必自己削足适履去符合对方，应该各自遵循其本身的规律和规范，在理论上不断发展自己，在方法上不断完善自己。

1.1.3 税务会计的类型

税务会计一般有以下三种类型。

1. 以所得税会计为主体的税务会计

以所得税会计为主体的税务会计要求构建以所得税会计为主体的税务会计模式。

2. 以流转税会计为主体的税务会计

一国的流转税收入是税收总收入的主体，所得税占的比例很小。在这种情况下，建立以流转税会计为主体的税务会计模式。一些发展中国家多采用这种模式。

3. 流转税与所得税并重的税务会计

流转税与所得税并重是指两者在税收总收入中所占比例相差不大，共同构成国家税收收入的主体。我国采用流转税与所得税并重的税务会计。

1.1.4 税务会计的对象

税务会计的对象是税务会计的客体。在企业中，凡是涉税事项都是税务会计的对象。也就是说，纳税人因纳税而引起的税款的形成、计算、缴纳、补退、罚款等经济活动就是税务会计的对象，主要包括以下几个方面。

1. 计税基础

（1）流转额

流转额是企业在生产经营过程中的购销量、购销金额、营业额等。它是各种流转税的计税依据，也是计算所得税额的前提和基础。

（2）生产成本、费用额

成本、费用是企业在生产经营过程中所耗费的全部资金支出。它包括生产过程的生产费用和流通过程的流通费用。一定会计期间的成本、费用总额与同期经营收入总额相比，可以反映企业生产经营的成果。财务会计记录的成本、费用，也是企业计算应纳税所得额的基础。

（3）利润额

财务会计核算的营业利润、利润总额，需要按税法规定调整，确认为应税所得，是计税的基础。

（4）财产额

对各种财产税，如房产税、车船税等，需要在财务会计对各类资产确认、计量、记录的基础上，按规定正确确认应税财产金额或数额。

（5）行为计税额

对行为税，如印花税、车辆购置税等，以财务会计确认、记录的应税行为交易额或应税标准为课税依据。

2. 税款的计算与核算

按税法规定的应缴税种，在正确确认计税依据的基础上，正确计算各种应缴税金，并做相应的会计处理。

3. 税款的缴纳、退补与减免

企业应按税法规定，根据企业会计准则，正确进行税款缴纳的会计处理。对企业多缴税款、按规定应该退回的税款或应该补缴的税款，要进行相应的会计处理。减税、免税是对某些纳税人的一些特殊情况、特殊事项的特殊规定，从而体现税收政策的灵活性和税收杠杆的调节作用。因此，对减、免税款，企业也应正确地进行会计处理。

4. 税收滞纳金与罚款、罚金

企业因逾期缴纳税款或违反税法规定而支付的各项税收滞纳金和罚款，也属税务会计的内容。

1.1.5 税务会计的目标

税务会计的目标是向税务机关、投资人等税务会计信息使用者提供有助于税务决策的会计信息，从而能够做到以下几点。

1. 依法纳税，履行纳税人义务

税务会计要以国家的现行税法（程序法、实体法）为依据，在财务会计有关资料的基础上，正确进行与税款形成、计算、申报、缴纳有关的会计处理和调整计算，正确及时地填报有关纳税报表，及时、足额缴纳各种税款，为税务机关（包括国家授权的代征机关）及时提供真实的税务会计信息。

2. 正确进行税务会计处理，协调与财务会计的关系

税务会计要以国家现行税法为准绳，又要按会计法规做调整分录，还要在财务报告中正确披露有关税务会计信息。它与财务会计是相互补充、相互服务、相互依存的关系。财务会计要完全符合会计准则、会计制度，要保持其稳定性、规范性，税务会计要保持其依法（税法）性。两者作为企业会计的重要组成部分，只有相互配合、相互协调，才能完成各自的具体目标，才能为企业共同的目标服务。

3. 合理选择纳税方案，科学进行税务筹划

财务会计要为投资人、债权人、经营者服务，税务会计同样也要为投资人、债权人、经营者服务。但税务会计涉及的是与企业纳税有关的特定领域。在这个领域，要服从、服务于企业会计的总目标，就是如何减轻企业税负，在其他各项收入、成本、费用不变的前提下，企业税负与企业盈利呈反比。因此，如何选择税负较轻的纳税方案，在企业经营的各个环节如何事先进行税负的测算并做出税负最轻的决策，事后如何进行税负分析等，应是税务会计的主要目标，也是纳税人权利的具体体现。

1.1.6 税务会计的特点

1. 法定性

税务会计以国家现行税收法令为准绳，这是它区别于其他专业会计的一个最重要的

特点。税务会计必须在遵守国家现行税收法令的前提下选择会计核算中的一些计算方法。税收法律是调节税企关系的准则，制约着征纳双方的分配关系。国家不能超越法律征税，企业也不得拒绝执行税法规定，不履行纳税义务。当财务会计制度的规定与现行税法的计税方法、计税范围等发生矛盾时，税务会计必须以现行税收法规为准，做适当调整、修改或补充。对某些按财务会计反映而不便按照税法规定反映的会计事项，必须单独设置账簿，单独核算其销售金额等，方能据以按不同税率计税或减税、免税；否则，税率从高或不予减免。由此可见，严格受税收法律的制约是税务会计的一个最显著特点。

2. 广泛性

我国宪法规定中华人民共和国公民都有纳税义务，而企业更负有纳税义务。这就是说，所有自然人和法人都可能是纳税权利义务人。法定纳税人的广泛性决定了税务会计的广泛性。

3. 统一性

由于税务会计是融会计和税收法规于一体的会计，税法的统一性决定了税务会计统一性的特点。这就是说，同一种税对不同企业（不同纳税人）的规定都是一样的。当然，在统一的前提下，也不排除特殊情况下的灵活性，如减免税规定个体工商业户确实无力建账的经批准可暂免建账等。

4. 独立性

税务会计与其他会计比较，除共性外，还有其相对独立性和特殊性。对某些税种来说，其计税依据与财务会计账面记录提供的依据可能并不完全相同，不能满足计税的要求。因此，税务会计要根据税法的要求，重新计算调整；即使事后发现财务会计记录有不符合税法要求的项目，也要进行纳税调整。

1.2 税务会计的基本前提和原则

1.2.1 税务会计的基本前提

要保证税务会计信息正确确认和计量，就必须明确税务会计的基本前提。由于税务会计以财务会计为基础，财务会计中的基本前提有些也适用于税务会计，但因税务会计的法定性等特点，税务会计的基本前提也有其特殊性。税务会计的基本前提包括纳税主体、持续经营、货币时间价值、纳税会计期间。

1. 纳税主体

纳税主体，是税法规定的直接负有纳税义务并享有纳税权利的实体，包括单位和个人（法人和自然人）。正确界定纳税主体，就是要求每个纳税主体应与其他纳税主体分开，保持单独的会计记录并报告其经营状况。

纳税主体不等同于财务会计中的“会计主体”。一般而言，会计主体应是纳税主体，但在特殊或特定情况下，会计主体不一定就是纳税主体，纳税主体也不一定就是会计主体。例如，企业的分支机构是会计主体，但不是纳税主体；对工资薪酬所得征纳个人所得税时，其纳税人并非会计主体，而作为扣缴义务人的单位则成为这一纳税事项的会计主体。

2. 持续经营

持续经营，是指在可以预见的将来，企业将会按当前的规模和状态继续经营下去，不会停业，也不会大规模削减业务。也就是说，该企业个体将继续存在足够长的时间以实现其现在的承诺，如预期所得税在将来被继续课征。

3. 货币时间价值

同样一笔资金，不同时间具有不同的价值。随着时间的推移，投入周转使用的资金价值将会发生增值，这种增值的能力或数额，就是货币的时间价值。这一基本前提已成为税收立法、税收征管的基础，所以，各个税种都明确规定纳税义务的确认原则、纳税期限等。

4. 纳税会计期间

纳税会计期间亦称纳税年度，是指纳税人按照税法规定选定的纳税年度期间。我国纳税会计期间统一规定为日历年度。如果纳税人在一个纳税年度的中间开业，或者由于改组、合并、破产、清算等原因，使该纳税年度的实际经营期限不足 12 个月的，则应当以其设计经营期限为一个纳税年度。纳税人清算时，应当以清算期间作为一个纳税年度。

1.2.2 税务会计的原则

税务会计原则主要有以下几个方面：

1. 税法导向原则

税法导向原则亦称税法遵从原则。税务会计应在财务会计确认、计量的基础上，以税法为准绳，进行重新确认和计量，履行纳税义务，寻求税收利益。

2. 权责发生制与收付实现制相结合原则

税务会计在以权责发生制为基础的同时，适度引用收付实现制。如在确定应纳税所得额前准予扣除的业务招待费、广告费等项目金额，不是完全基于其应付数，而是在特定情况下根据其实际支付的金额作为税前调整的基础。

3. 历史（实际）成本计价原则

在税务会计中，除税法另有规定外，纳税人必须遵循历史成本计价原则，因为它具有确定性与可验证性。

4. 配比原则

税务会计在总体上遵循纳税人取得的收入与其相关的成本、费用和损失配比的原则，尤其是应用于所得税会计，在确定企业所得税税前扣除项目和金额时，应遵循配比原则，即纳税人发生的费用应当在其应配比的当期申报扣除，纳税人某一纳税年度应申报的可扣除费用，不得提前或滞后申报扣除。

5. 税款支付能力原则

税款支付能力与企业的其他支出有所不同，税款支付全部是现金流出。因此，税务会计在确认、计量和记录其收入、收益、成本、费用时，应选择保证支付能力的会计方法。

6. 确定性原则

确定性原则是指在所得税会计处理过程中，按所得税税法的规定，应税收入与可扣除费用的实际实现上应具有确定性，即纳税人可扣除费用不论何时支付，其金额必须是确定的。该原则适用于所得税的税前扣除，凡税前扣除的费用，如产品保修费用等，必须是真实发生的，且其金额必须是可确定的。

7. 税收筹划原则

税务会计既要保证依法计税、纳税，又要尽可能地争取纳税人的最大税收利益。税务会计在进行税收实务处理时，通过筹划，正确合理地处理涉税事项，实现企业的财务目标。

1.3　税收制度及其构成要素

1.3.1　税收制度

税收制度亦称税收法律制度，简称税制。它是在税收分配活动中税收征纳双方所应遵守的行为规范的总和。其内容主要包括各种税种的法律法规，以及为了保证这些税法得以实施的税收征管制度和税收管理体制。它规定了国家与纳税人之间的征纳关系，是国家向纳税人征税的法律依据。从狭义上说，它仅包括已完成立法程序的各种税收法规[如《中华人民共和国企业所得税法》（以下简称《企业所得税法》）、《中华人民共和国个人所得税法》（以下简称《个人所得税法》）等]，以及虽未完成立法程序但具有法律效力的各种税收条例［如《中华人民共和国增值税暂行条例》（以下简称《增值税暂行条例》）等]。

1.3.2　税收制度构成要素

税收制度是由许多要素构成的，一般包括总则、纳税义务人、征税对象、税目、税率、税额计算、纳税环节、纳税期限、纳税地点、减税免税、罚则、附则等。本节仅介绍基本要素。

1. 纳税义务人

纳税义务人又叫纳税主体，简称纳税人，是税法规定直接享有纳税义务的单位和个人。纳税人有两种基本形式：自然人和法人。

自然人。自然人是基于自然规律而生的，有民事权利和义务的主体，包括本国公民，也包括外国人和无国籍人。在税收上，自然人依法对国家负有纳税义务并享有纳税人的权利。

法人。法人是基于法律规定享有权利能力和行为能力，具有独立的财产和经费，依法独立承担民事责任的社会组织。法人负有依法向国家纳税的义务和相应的权利。

在纳税实务中，与纳税人相关的概念还有：

1）代扣代缴义务人，亦称扣缴义务人。根据税法规定，扣缴义务人不承担纳税义务，但有义务在向纳税人支付收入、结算货款、收取费用时，代扣代缴其应纳税款的单位和个人。如果代扣代缴义务人按规定履行了代扣代缴义务，税务机关将支付一定的手续费。

2）代征人。受税务机关委托代征税款的单位和人员。

3）纳税单位。申报缴纳税款的单位，是纳税人的有效集合。为了征管和缴纳税款的方便，可以允许在法律上负有纳税义务的同类型纳税人作为一个纳税单位，填写一份申报表进行纳税。

2. 征税对象

征税对象亦称课税对象、征税客体，指税法规定对什么征税，是征纳税双方权利义务共同指向的客体或标的物，是区别一种税与另一种税的重要标志，如房产税的征税对象是房屋等。征税对象是税法最基本的要素，它体现着征税的最基本界限，决定着某一种税的基本征税范围，同时，征税对象也决定各个不同税种的名称，如消费税、个人所得税等。征税对象按其性质的不同，通常可划分为流转额、所得额、财产、资源、特定行为等五大类，通常也因此将税收分为相应的五大类，即流转税、所得税、财产税、资源税和特定行为税。

征税对象的计量标准是计税依据，即课税依据、税基。以纳税对象的价值单位计算时，其计税依据为从价计税；以纳税对象的数量单位计算时，其计税依据为从量计税；既以价值又以数量为依据计税时，为复合计税。不同税种的计税依据不同，有的是以收入额，有的是以所得额，有的是以销售数量。如果计税依据是价值形态，征税对象与计税依据一致；如果计税依据是实物形态，以征税对象的数量、重量等作为计税依据，则征税对象与计税依据一般不一致，如车船税，其征税对象是各种车辆、船舶，而其计税依据则是车船的吨位等。

3. 税目

税目是征税对象的具体化，反映具体的征税范围，体现每个税种的征税广度。不是所有的税种都规定税目，对那些征税对象简单明确的税种，如企业所得税、房产税，就不必另行规定税目。对征税对象比较复杂的税种，需要规定税目，如消费税、印花税等。

4. 税率

税率是对征税对象的征收比例或征收额度，是计算税额的尺度，也是衡量税负轻重与否的重要标志。我国现行的税率主要有：

（1）比例税率

比例税率是对同一征税对象，不论数额大小，规定相同的征收比例。增值税、企业所得税等采用的是比例税率。比例税率在具体运用上又可分单一比例税率、差别比例税率、幅度比例税率。

（2）定额税率

定额税率是按征税对象确定的计算单位，直接规定一个固定的税额。城镇土地使用税和车船税采用的是定额税率。

（3）超额累进税率

超额累进税率是把征税对象按数额的大小划分为若干等级，每一等级规定一个税率，税率依次提高，但每一纳税人的征税对象则依所属等级同时适用几个税率分别计算，将计算结果相加后得出应纳税款。个人所得税采用这种税率。

（4）超率累进税率

超率累进税率是以征税对象数额的相对率划分若干级距，分别规定相应的差别税率，相对率每超过一个级距的，对超过的部分就按高一级的税率计算征税。土地增值税采用这种税率。

5. 税额计算

税额的计算是根据纳税人的生产经营或其他具体情况，对其应税事项，按照国家规定的税率，采取一定的计算方法，计算出纳税人的应纳税额，即

应纳税额=计税依据×适用税率（或者单位税额）　　(1-1)

公式中“计税依据”在具体运用时，又涉及两个概念：一是计税单位，亦称计税标准、课税单位。它是征税对象的计量单位和缴纳标准，是征税对象的量化。计税单位分为从价计征、从量计征和混合计征三种。二是计税价格。对从价计征的税种，税率一经确定，应纳税额的多少就取决于价格因素。按计税价格是否包含税款划分，计税价格又可以分为含税计税价格和不含税计税价格。

6. 纳税环节

纳税环节是指对征税对象在从生产到消费的流转过程中应当缴纳税款的环节。按照某种税征税环节的多少，可以将税种划分为一次课征制或多次课征制。如所得税在分配环节纳税，实行一次课征制。增值税在生产和流通环节纳税，实行多次课征制。

7. 纳税期限

纳税期限是指税法规定的关于税款缴纳时间方面的限定。税法关于纳税时限的规

定，有三个概念：一是纳税义务发生的时间，是指应税行为发生的时间。二是纳税期限，即每隔固定时间汇总一次纳税义务的时间。纳税人的具体纳税期限，由主管税务机关根据纳税人应纳税额的大小分别核定，不能按照固定期限纳税的，可以按次纳税。三是缴库期限，即税法规定的纳税期满后，纳税人将应纳税款缴入国库的期限。如《增值税暂行条例》规定，纳税人以 1 个月或者 1 个季度为 1 个纳税期的，自期满之日起 15 日内申报纳税。

8. 纳税地点

纳税地点是指根据各个税种纳税对象的纳税环节和有利于税款的源泉控制而规定的纳税人（包括代征、代扣、代缴义务人）的具体纳税地点。

9. 税收减免

税收减免是减税和免税的合称，是对某些纳税人或特定纳税对象、应税行为给予鼓励或照顾的一种特别规定。税收减免的形式，一般包括减税、免税、起征点和免征额，此处仅介绍起征点和免征额。

（1）起征点

起征点是计税依据达到国家规定数开始征税的界限。计税依据的数额未达到起征点的不征税；达到或超过起征点的，就其全部数额征税，而不是仅就超过部分征税。

（2）免征额

免征额是在计税依据总额中免予征税的数额。它是按照一定标准从计税依据总额中预先减去的数额。免征额部分不纳税，只对超过免征额的部分征税。

要点回顾

1）税务会计是以国家现行税收法规为准绳，以货币计量为基本形式，运用会计学的理论和方法，连续、系统、全面地对税款的形成、计算和缴纳、退补，即对企业涉税事项进行确认、计量、记录和申报，以实现企业最大税收利益的一门专业会计。

2）税务会计是企业会计的一个特殊领域，是以财务会计为基础的。但与财务会计目标、对象、核算基础、处理依据、计算损益的程序不同。

3）税务会计的三种类型：以所得税会计为主体的税务会计；以流转税（商品税）会计为主体的税务会计；以流转税与所得税并重的税务会计。我国采用以流转税与所得税并重的税务会计这种类型。

4）税务会计的对象是税务会计的客体。在企业中，凡是涉税事项都是税务会计的对象。主要包括：计税基础，税款的计算与核算，税款的缴纳、退补与减免，税收滞纳金与罚款、罚金。

5）税务会计的目标是向税务机关、投资人等税务会计信息使用者提供有助于税务决策的会计信息，包括：依法纳税，履行纳税人义务；正确进行税务会计处理，协调与财务会计的关系；合理选择纳税方案，科学进行税务筹划。税务会计的特点：法定性、广泛性、统一性、独立性。

6）税务会计的基本前提包括纳税主体、持续经营、货币时间价值、纳税会计期间。税务会计原则主要有税法导向原则、权责发生制与收付实现制相结合原则、历史（实际）成本计价原则、配比原则、税款支付能力原则、确定性原则、税收筹划原则。

7）税收制度亦称税收法律制度，简称税制。它是在税收分配活动中税收征纳双方所应遵守的行为规范的总和。税收制度一般包括总则、纳税义务人、征税对象、税目、税率、税额计算、纳税环节、纳税期限、纳税地点、减税免税、罚则、附则等。

能力训练

一、单项选择题

1．税务会计的对象是（　　）。

A．企业以货币计量的经济事项

B．税务机关组织征收的各项收入的征收、减免、欠缴、入库等税收资金运动的全过程

C．纳税而引起的税款的形成、计算、缴纳、补退、罚款等经济活动

D．国家预算资金运动过程

2．不属于税务会计原则的是（　　）。

A．配比原则　　B．确定性原则

C．税款支付能力原则　　D．重要性原则

3．下列说法不正确的是（　　）。

A．征税对象是区分不同税种的主要标志

B．税目是征税对象的具体化

C．税率是衡量税负轻重与否的唯一标志

D．纳税义务人即纳税主体

4．税收制度中规定的计算应纳税额的根据称（　　）。

A．纳税人　　B．征税对象　　C．税负调整　　D．计税单位

5．（　　）指对同一征税对象，不论数额大小，都按同一比例纳税。

A．比例税率　　B．超额累进税率

C．超率累进税率　　D．定额税率

二、多项选择题

1．税务会计与财务会计的区别在于（　　）。

A．目标不同　　B．对象不同

C．核算基础、处理依据不同　　D．计算损益的程序不同

2．税务会计的特点有（　　）。

A．法定性　　B．广泛性　　C．统一性　　D．独立性

3．税务会计的基本前提有（　　）。

A．会计主体　　B．持续经营

C．货币时间价值　　　　　　　　　　　D．纳税会计期间

4．下列属于税制构成要素的有（　　）。

A．纳税义务人　　B．税率　　　　　　C．税额计算　　D．减免税

5．征税对象又称（　　）。

A．权利客体　　　　　　　　　　　　B．纳税客体

C．具体征税项目　　　　　　　　　　D．税目

三、判断题

1．税务会计包括以所得税会计为主体的税务会计类型。（　　）

2．税务会计坚持历史成本，但不遵循权责发生制。（　　）

3．纳税主体一定是会计主体。（　　）

4．纳税年度自公历1月1日起至12月31日止。（　　）

5．免征额是在计税依据总额中免予征税的数额，免征额部分不纳税，只对超过免征额的部分征税。（　　）

第 2 章　增值税会计

【目的要求】

1. 掌握增值税的概念、纳税人及其分类；
2. 理解增值税的征税范围、税率和征收率；
3. 理解增值税纳税义务的确认、纳税期限和纳税地点；
4. 了解增值税专用发票的管理；
5. 掌握增值税销项税额、进项税额和应纳税额的计算及会计核算；
6. 掌握小规模纳税人应纳增值税的计算及会计核算。

【重点难点】

1. 增值税销项税额、进项税额和应纳税额的计算及会计核算；
2. 小规模纳税人应纳增值税的计算及会计核算。

2.1　增值税概述

2.1.1　增值税的概念与特点

1. 增值税的概念

增值税是以商品和劳务在流转过程中产生的增值额作为征税对象而征收的一种流转税。按照《增值税暂行条例》的规定，增值税是对在我国境内销售货物、提供加工修理修配劳务（以下简称提供应税劳务），销售服务、无形资产及不动产（以下简称发生应税行为），以及进口货物的企业、单位和个人，就其销售货物、提供应税劳务、发生应税行为的增值额和货物进口金额为计税依据而课征的一种流转税。

我国从 1979 年开始在部分城市试行生产型增值税。2008 年国务院决定全面实施增值税改革，将生产型增值税转为消费型增值税。2011 年年底国家决定在上海试点营业税改征增值税（以下简称“营改增”）。经国务院批准，自 2016 年 5 月 1 日起，在全国范围内全面推开“营改增”。自此，营业税正式告别历史舞台，消费型增值税政策从此名副其实。

2. 增值税的特点

（1）不重复征税

增值税以增值额作为计税依据，只对销售额中本企业新创造的、未征过税的价值征税。所以，在理论上不存在重复征税的问题。

（2）既普遍征收又多环节征收

传统流转税虽然也普遍征收、多环节征收，但都是“全额计征”，而增值税仅对纳税人在该环节的增值额征收。

（3）同种产品售价相同、税负相同

在增值税下，同一种产品，不论经过多少生产、经营环节，只要其最终售价相同，其总体税负就相同。

（4）税收负担最终由消费者承担

虽然增值税是向企业征收，但企业在销售商品时，又通过价格将税收负担转嫁给下一流通环节，最后由最终消费者承担。

（5）实行税款抵扣制度

增值税实行凭专用发票抵扣税款的制度，其计税办法是从当期的销项税额中扣除其当期进项税额后的余额。

（6）实行“价外计税”办法

增值税实行“价外计税”办法，即以不含增值税税金的价格为计税依据。

2.1.2 增值税的纳税人及其分类

1. 增值税的纳税人

凡在中华人民共和国境内销售货物、劳务、服务、无形资产或者不动产，以及进口货物的单位和个人，都是增值税纳税义务人。

“单位”是指企业、行政单位、事业单位、军事单位、社会团体及其他单位；“个人”是指个体工商户和其他个人。

单位以承包、承租、挂靠方式经营的，承包人、承租人、挂靠人（以下统称承包人）以发包人、出租人、被挂靠人（以下统称发包人）名义对外经营并由发包人承担相关法律责任的，以该发包人为纳税人，否则，以承包人为纳税人。

2. 扣缴义务人

中华人民共和国境外的单位或者个人在境内提供应税劳务，在境内未设有经营机构的，以其境内代理人为扣缴义务人；在境内没有代理人的，以购买方或接受方为扣缴义务人。

3. 增值税纳税人的分类

为了便于增值税的征收管理并简化计税，根据纳税人经营规模及会计核算是否健全，将增值税纳税人划分为小规模纳税人和一般纳税人。

（1）小规模纳税人

小规模纳税人是指年销售额在规定标准以下，并且会计核算不健全，不能正确核算增值税的销项税额、进项税额和应纳税额，不能按规定报送有关税务资料的增值税纳税人。小规模纳税人销售额的标准是：

1）从事货物生产或者提供应税劳务的纳税人，以及以从事货物生产或者提供应税劳务为主，并兼营货物批发或者零售的纳税人，年应税销售额在 50 万元以下（含，下同）的。“从事货物生产或者提供应税劳务为主”是指纳税人的年货物生产或者提供应税劳务的销售额占年应税销售额的比例在 50%以上。

2）上述规定以外的纳税人（不含提供应税服务的纳税人），年应税销售额在 80 万元以下的。

3）销售服务、无形资产或者不动产年应税销售额未超过 500 万元的纳税人，为小规模纳税人。

4）年应税销售额超过小规模纳税人标准的其他个人按小规模纳税人纳税。

5）非企业性单位、不经常发生应税行为的企业，可选择按小规模纳税人纳税；对于应税服务年销售额超过规定标准但不经常提供应税服务的单位和个体工商户可选择按照小规模纳税人纳税。

小规模纳税人会计核算健全（能够按照国家统一的会计制度规定设置账簿，根据合法、有效会计凭证进行会计核算），能够提供准确税务资料的，可以向主管税务机关申请办理一般纳税人资格登记。

（2）一般纳税人

一般纳税人是指年应纳增值税销售额超过增值税税法规定的小规模纳税人标准的企业和企业性单位。

增值税一般纳税人资格实行登记制，符合一般纳税人标准的增值税纳税人，向其主管税务机关办理。增值税纳税人年应税销售额超过规定标准的，应在申报期结束后 20 个工作日内携带税务登记证件、增值税一般纳税人资格登记表向其主管税务机关办理登记。主管税务机关在受理纳税人登记资料后，受理人员应将增值税一般纳税人资格登记表信息与征管系统中的税务登记信息进行比对，如果信息一致，视为符合填列要求，当场登记。

纳税人自其选择的一般纳税人资格生效之日（纳税人可以根据企业自身的情况，选择当月 1 日或次月 1 日）起，按照增值税一般计税方法计算应纳税额，并按照规定领用增值税专用发票。

知识拓展 2-1：增值税纳税人未在规定时限办理登记手续的处理

2.1.3 增值税的征税范围

1. 征税范围的一般规定

凡在我国境内销售货物、劳务、服务、无形资产或者不动产及进口货物，都属增值税的征税范围。具体内容如下：

1）货物是指有形动产，包括电力、热力、气体在内。销售货物指有偿转让货物的所有权。境内销售货物是指所销售的货物启运地或所在地在我国境内。

2）应税劳务包括有偿提供加工、修理修配劳务。加工是指受托加工货物，即委托方提供原料及主要材料，受托方按照委托方的要求制造货物并收取加工费的业务。修理修配是指受托对损伤和丧失功能的货物进行修复，使其恢复原状和功能的业务。境内销售应税劳务是指所提供的应税劳务发生在我国境内。

知识拓展 2-2：非经营活动发生的应税行为不属于增值税征税范围

3）应税服务包括交通运输服务、邮政服务、电信服务、建筑服务、金融服务、现代服务、生活服务。销售服务，是指有偿提供服务，取得货币、货物或者其他经济利益。境内销售应税服务，是指服务（租赁不动产除外）的销货方或者购货方在境内。

4）无形资产或者不动产，是指有偿转让无形资产或者不动产，取得货币、货物或者其他经济利益。境内，指无形资产（自然资源使用权除外）的销货方或者购货方在境内；销售自然资源使用权的自然资源在境内；销售或者租赁的不动产在境内。

2. 征税范围的特殊行为

（1）视同销售行为

纳税人发生下列行为，视同销售应税货物：

1）将货物交付其他单位或者个人代销。

2）销售代销货物。

3）设有两个以上机构并实行统一核算的纳税人，将货物从一个机构移送其他机构用于销售，但相关机构设在同一县（市）的除外。

4）将自产或者委托加工的货物用于非增值税应税项目。

5）将自产、委托加工的货物用于集体福利或者个人消费。

6）将自产、委托加工或者购进的货物作为投资，提供给其他单位或者个体工商户。

7）将自产、委托加工或者购进的货物分配给股东或者投资者。

8）将自产、委托加工或者购进的货物无偿赠送其他单位或者个人。

9）单位或者个体工商户向其他单位或者个人无偿提供服务，但用于公益事业或者以社会公众为对象的除外。

10）单位或者个人向其他单位或者个人无偿转让无形资产或者不动产，但用于公益事业或者以社会公众为对象的除外。

11）财政部和国家税务总局规定的其他情形。

（2）兼营行为

纳税人兼营销售货物、劳务、服务、无形资产或者不动产，适用不同税率或者征收率的，应当分别核算适用不同税率或者征收率的销售额；兼营免税、减税项目的，应当分别核算免税、减税项目的销售额；若未分别核算或不能准确核算，免税的不得免税，减税的不得减税，应税的则税率从高。

（3）混合销售

一项销售行为如果既涉及服务，又涉及货物，为混合销售。从事货物的生产、批发或者零售的单位和个体工商户（包括以从事货物的生产、批发或者零售为主并兼营销售服务的单位和个体工商户在内）的混合销售行为，按照销售货物缴纳增值税；其他单位和个体工商户的混合销售行为，按照销售服务缴纳增值税。例如，生产货物的单位，在销售货物的同时附带运输，其销售货物及提供运输的行为属于混合销售行为，所收取的货物款项及运输费用应一律按销售货物计算缴纳增值税。

2.1.4 增值税的税率、征收率和起征点

1. 增值税的税率、征收率

增值税的税目及相应税率如表 2-1 所示。

表 2-1 增值税的税目及相应税率

税率名称	税目	具体税率
基本税率	销售或进口货物（税法另有规定除外）	17%
	提供应税劳务（加工、修理、修配等）	
	有形动产租赁	
低税率	粮食、食用植物油	11%
	自来水、暖气、冷气、热水、煤气、石油液化气、天然气、沼气、居民用煤炭制品	
	图书、报纸、杂志	
	饲料、化肥、农药、农机、农膜	
	农产品（不包括淀粉）	
	音像制品	
	电子出版物	
	二甲醚	
	交通运输业服务、邮政服务、基础电信服务、建筑、不动产租赁服务，销售不动产，转让土地使用权	
	增值电信服务、现代服务业服务	6%
零税率	纳税人报关出口的货物，国务院另有规定的除外	0
	境内的单位和个人提供的“国际运输服务、向境外单位提供的研发服务和设计服务”及财政部、国家税务总局规定的其他应税服务	
征收率	小规模纳税人发生应税行为	3%
	县级及县级以下小型水力发电单位生产的电力	
	建筑用和生产建筑材料所用的砂、土、石料	
	用自己采掘的砂、土、石料或其他矿物连续生产的砖瓦、石灰（不含黏土实心砖、瓦）	
	用微生物、微生物代谢产物、动物毒素、人或生物的血液或组织制成的生物制品	
	自来水	
	商品混凝土（仅限于以水泥为原料生产的水泥混凝土）	
	寄售商店代销寄售物品（包括居民个人寄售的物品在内）	
	典当行销售死当物品	
	一般纳税人销售自己使用过的固定资产（符合简易办法征收的）	依照 3%减按 2%征收
	小规模纳税人（除其他个人外）销售自己使用过的固定资产	
	纳税人销售旧货	

除部分不动产销售和租赁行为的征收率为 5%以外，小规模纳税人发生的应税行为及一般纳税人发生特定应税行为，增值税征收率为 3%。一般纳税人销售自产的上述货

物，可选择按照简易办法依照3%征收率计算缴纳增值税，不能抵扣进项税额。

2. 增值税起征点

增值税起征点的适用范围适用于个人（不包括认定为一般纳税人的个体工商户）。增值税起征点的幅度规定如下：

1）销售货物、应税劳务，提供应税服务的，为月销售额5 000～20 000元（含本数）；

2）按次纳税的，为每次（日）销售额300～500元（含本数）。

上述所称的销售额，不包括其应纳税额。

2.1.5 增值税纳税义务的确认

税务会计一般按权责发生制原则确认纳税人增值税纳税义务的发生。

1）销售货物、劳务、服务、无形资产或者不动产为收讫销售款项或者取得索取销售款项凭据的当天，按销售结算方式的不同，具体为

① 采取直接收款方式销售货物，不论货物是否发出，均为收到销售款或者取得索取销售款凭据的当天。

② 采取托收承付和委托银行收款方式销售货物，为发出货物并办妥托收手续的当天。

③ 采取赊销和分期收款方式销售货物，为书面合同约定的收款日期的当天，无书面合同的或者书面合同没有约定收款日期的，为货物发出的当天。

④ 采取预收货款方式销售货物，一般为货物发出的当天；提供建筑服务、租赁服务采取预收款方式的，其纳税义务发生时间为收到预收款的当天。

⑤ 纳税人发生按税法规定的视同销售货物行为（不包括委托和受托代销行为），为货物移送的当天；纳税人发生视同销售服务、无形资产或者不动产，其纳税义务发生时间为服务、无形资产转让完成的当天或者不动产权属变更的当天。

⑥ 委托其他人代销货物，为收到代销单位的代销清单或者收到全部或者部分货款的当天。未收到代销清单及货款的，为发出代销货物满180天的当天。

⑦ 纳税人从事金融商品转让的，为金融商品所有权转移的当天。

知识拓展2-3：提供应税服务的纳税义务发生时间的解释

2）先开具发票的，纳税义务发生时间为开具发票的当天。

3）进口货物的，为报关进口的当天。

增值税扣缴义务发生时间为纳税人增值税纳税义务发生的当天。

2.1.6 增值税的纳税期限与纳税地点

1. 增值税的纳税期限

增值税的纳税期限分别为每月1日、3日、5日、10日、15日、月末或季度末。纳税人的具体纳税期限，由主管税务机关根据纳税人应纳税额的大小分别核定；不能按照固定期限纳税的，可以按次纳税。

纳税人以一个月或者一个季度为一个纳税期的，自期满之日起 15 日内申报纳税；凡增值税一般纳税人，不论当期是否发生应税行为，均应按月进行纳税申报，申报期为次月 1 日起至 15 日止，遇到最后一日为法定节假日的，顺延一日；在每月 1 日至 15 日内有连续 3 日以上法定休假日的，按休假日天数顺延。

以一个季度为纳税期限的规定仅适用于小规模纳税人，具体纳税期限，由主管税务机关根据其应纳税额的大小分别核定。

纳税人进口货物，应当自海关填发海关进口增值税专用缴款书之日起 15 日内缴纳税款。

2. 增值税的纳税地点

税法规定增值税的纳税地点如下：

1）固定业户应向其机构所在地主管税务机关申报纳税。总机构和分支机构不在同一县（市）的，应当分别向各自所在地主管税务机关申报纳税；在同一省（区、市）范围内的，经省（区、市）财政厅（局）、国家税务总局审批同意，可以由总机构汇总向总机构所在地主管税务机关申报纳税。

2）固定业户到外县（市）销售货物或者应税劳务，应当向其机构所在地的主管税务机关申请开具外出经营活动税收管理证明，并向其机构所在地的主管税务机关申报纳税；未开具证明的，应当向销售地或者劳务发生地的主管税务机关申报纳税；未向销售地或者劳务发生地的主管税务机关申报纳税的，由其机构所在地的主管税务机关补征税款。

3）非固定业户销售货物或者应税劳务，应当向销售地或者劳务发生地的主管税务机关申报纳税；未向销售地或者劳务发生地的主管税务机关申报纳税的，由其机构所在地或者居住地的主管税务机关补征税款。

4）其他个人提供建筑服务，销售或者租赁不动产，转让自然资源使用权，应向建筑服务发生地、不动产所在地、自然资源所在地主管税务机关申报纳税。

5）进口货物，应当向报关地海关申报纳税。

6）扣缴义务人应当向其机构所在地或者居住地的主管税务机关申报缴纳其扣缴的税款。

2.2　增值税专用发票的管理

增值税专用发票是增值税一般纳税人（以下简称一般纳税人）销售货物、劳务、服务、无形资产和不动产开具的发票，是购货方支付增值税额并可按照增值税有关规定据以抵扣增值税进项税额的凭证。专用发票不仅是纳税人经济活动中的重要商业凭证，而且是兼记销货方销项税额和购货方进项税额进行税款抵扣的凭证，一般纳税人应通过增值税防伪税控系统（以下简称防伪税控系统）使用专用发票。使用包括领购、开具、缴销、认证纸质专用发票及其相应的数据电文。

2.2.1 专用发票的联次

专用发票由基本联次或者基本联次附加其他联次构成，基本联次为三联：记账联、抵扣联、发票联（图 2-1）。发票联作为购货方核算采购成本和增值税进项税额的记账凭证；抵扣联作为购货方报送主管税务机关认证和留存备查的凭证；记账联作为销货方核算销售收入和增值税销项税额的记账凭证。其他联次用途，由一般纳税人自行确定。

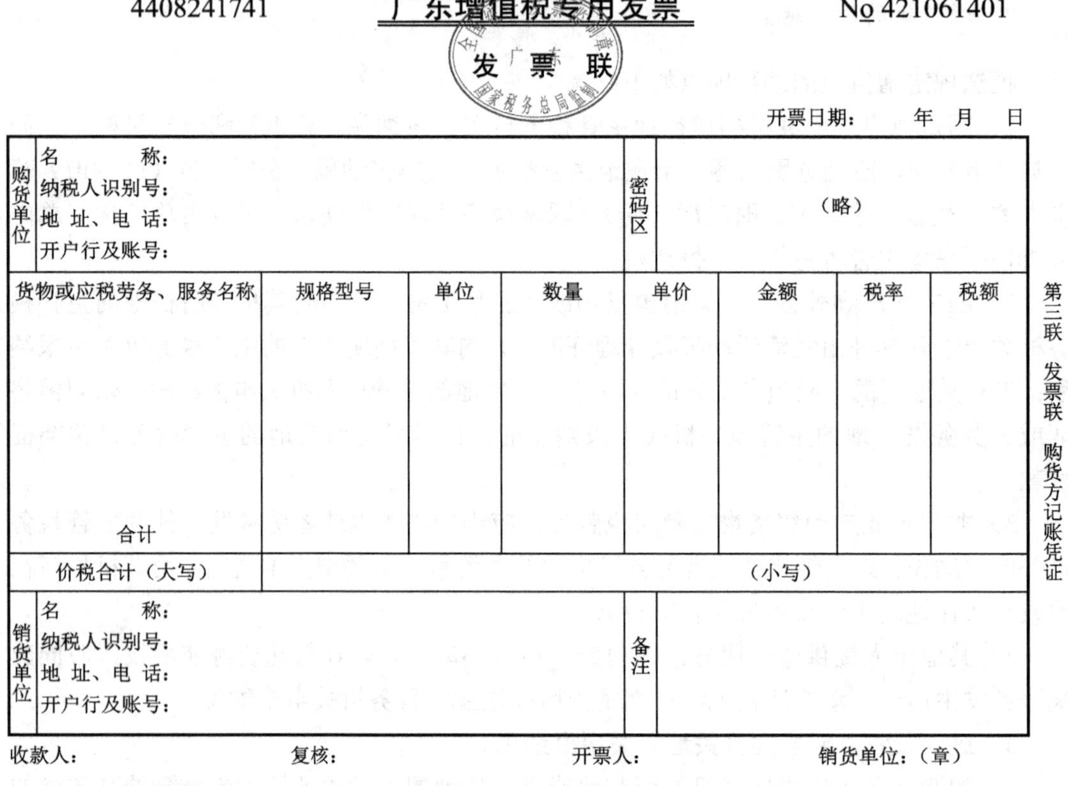

4408241741　　**广东增值税专用发票**　　No 421061401

发　票　联

开票日期：　年　月　日

购货单位	名　　称： 纳税人识别号： 地 址、电 话： 开户行及账号：				密码区	（略）		
货物或应税劳务、服务名称	规格型号	单位	数量	单价	金额	税率	税额	
合计								
价税合计（大写）					（小写）			
销货单位	名　　称： 纳税人识别号： 地 址、电 话： 开户行及账号：				备注			

收款人：　　复核：　　开票人：　　销货单位：（章）

第三联 发票联 购货方记账凭证

图 2-1　增值税专用发票发票联

2.2.2 专用发票的开票限额

专用发票（增值税税控系统）实行最高开票限额管理。最高开票限额，是指单份专用发票或货运专用发票开具的销售额合计数不得达到的上限额度。最高开票限额由一般纳税人申请，填报最高开票限额申请表（图 2-2），区县税务机关依法审批。

增值税专用发票最高开票限额申请表

<table>
<tr><td rowspan="12">申请事项
（由纳税人
填写）</td><td>纳税人名称</td><td></td><td>纳税人识别号</td><td></td></tr>
<tr><td>地　址</td><td></td><td>联系电话</td><td></td></tr>
<tr><td>购票人信息</td><td colspan="3"></td></tr>
<tr><td rowspan="4">申请增值税专用发票（增值税税控系统）最高开票限额</td><td colspan="3">□初次　□变更　（请选择一个项目并在□内打“√”）</td></tr>
<tr><td colspan="3">□一亿元　□一千万元　□一百万元</td></tr>
<tr><td colspan="3">□十万元　□一万元　□一千元</td></tr>
<tr><td colspan="3">（请选择一个项目并在□内打“√”）</td></tr>
<tr><td rowspan="4">申请货物运输业增值税专用发票（增值税税控系统）最高开票限额</td><td colspan="3">□初次　□变更　（请选择一个项目并在□内打“√”）</td></tr>
<tr><td colspan="3">□一亿元　□一千万元　□一百万元</td></tr>
<tr><td colspan="3">□十万元　□一万元　□一千元</td></tr>
<tr><td colspan="3">（请选择一个项目并在□内打“√”）</td></tr>
<tr><td colspan="4">申请理由：

经办人（签字）：　　　　纳税人（印章）：
年　月　日　　　　年　月　日</td></tr>
<tr><td rowspan="3">区县
税务
机关
意见</td><td colspan="2">发票种类</td><td colspan="2">批准最高开票限额</td></tr>
<tr><td colspan="2">增值税专用发票（增值税税控系统）</td><td colspan="2"></td></tr>
<tr><td colspan="4">经办人（签字）：　　批准人（签字）：　　税务机关（印章）：
年　月　日　　年　月　日　　年　月　日</td></tr>
</table>

图 2-2　增值税专用发票最高开票限额申请表

2.2.3　专用发票的领购和开具范围

1. 专用发票的领购

一般纳税人凭发票领购簿、IC 卡和经办人身份证明领购专用发票。

2. 专用发票的开具范围

1）一般纳税人销售货物或者提供应税劳务和应税服务，应向购货方开具专用发票。

2）商业企业一般纳税人零售的烟、酒、食品、服装、鞋帽（不包括劳保专用部分）、化妆品等消费品不得开具专用发票。

3）增值税小规模纳税人需要开具专用发票的，可向主管税务机关申请代开。

4）销售免税货物不得开具专用发票，法律、法规及国家税务总局另有规定的除外。

5）纳税人提供应税服务，应当向索取增值税专用发票的接受方开具增值税专用发票，并在增值税专用发票上分别注明销售额和销项税额。属于下列情形之一的，不得开具增值税专用发票：①向消费者个人提供应税服务；②适用免征增值税规定的应税服务。

2.2.4　专用发票的开具要求

专用发票应按下列要求开具：

1）项目齐全，与实际交易相符。

2）字迹清楚，不得压线、错格。

3）发票联和抵扣联加盖财务专用章或者发票专用章。

4）按照增值税纳税义务的发生时间开具。

对不符合上列要求的增值税专用发票，购货方有权拒收。

2.2.5 不得作为增值税进项税额的抵扣凭证

经认证，有下列情形之一的，不得作为增值税进项税额的抵扣凭证，由税务机关退还原件，购货方可要求销货方重新开具增值税专用发票：

1）无法认证。无法认证是指增值税专用发票所列密文或者明文不能辨认，无法产生认证结果。

2）纳税人识别号认证不符。纳税人识别号认证不符是指增值税专用发票所列购货方纳税人识别号有误。

3）增值税专用发票代码、号码认证不符。增值税专用发票代码、号码认证不符是指增值税专用发票所列密文解译后与明文的代码或者号码不一致。

2.3 增值税的计算

2.3.1 增值税的计税方法

增值税的计税方法包括一般计税方法、简易计税方法和扣缴计税方法，此处只介绍一般计税方法和简易计税方法。

1. 一般计税方法

一般纳税人销售货物或者提供应税劳务和应税服务适用一般计税方法计税。其计算公式为

当期应纳增值税税额＝当期销项税额－当期进项税额　（2-1）

2. 简易计税方法

小规模纳税人销售货物、提供应税劳务和应税服务适用简易计税方法计税。上述一般纳税人销售或提供财政部和国家税务总局规定的特定的货物、应税劳务、应税服务，也可以选择简易计税方法计税，一经选择，36个月内不得变更。简易计税方法的公式为

当期应纳增值税额＝当前销售额（不含增值税）×征收率　（2-2）

公式中的销售额不包括其应纳增值税额，因此在采用简易计税方法计算应纳增值税额时，必须将含税销售额换算为不含税销售额才能计算应纳增值税额。换算公式为

销售额＝含税销售额÷（1＋征收率）　（2-3）

2.3.2 一般计税方法应纳税额的计算

我国目前对一般纳税人采用的一般计税方法是国际上通行的购进扣税法，即先按当

期销售额和适用税率计算出销项税额，然后对当期购进项目向对方支付的税款进行抵扣，从而间接计算出对当期增值额部分的应纳税额。

增值税一般纳税人当期应纳税额的多少，取决于当期销项税额和当期进项税额这两个因素。而当期销项税额的确定关键在于确定当期销售额。对当期进项税额的确定在税法中也做了一些具体的规定。纳税人在分别确定销项税额和进项税额的情况下，就可计算出应纳税额。

2.4　增值税销项税额的会计核算

2.4.1　销项税额

1. 销项税额及其计算

纳税人销售货物或者提供应税劳务和应税服务，按照销售额或提供应税劳务和应税服务收入与规定的税率计算并向购货方收取的增值税税额，称为销项税额。销项税额的计算公式为

$$销项税额＝销售额×适用税率 \tag{2-4}$$

2. 销售额

知识拓展 2-4：价外费用

销售额是指纳税人销售货物或者提供应税劳务和应税服务向购货方（承受应税劳务和应税服务也视为购货方）收取的全部价款和价外费用，但不包括收取的销项税额。

在确定销售额时，还应注意如下几种情况：

1）纳税人为销售货物而出借、出租包装物所收取的押金，如果单独记账核算的，不并入销售额计税。但对因逾期未收回包装物而不再退还的押金，应按所包装货物的适用税率计算增值税额。“逾期”是指按合同约定实际逾期或以 1 年为期限，对收取 1 年以上的押金，无论是否退还，均并入销售额计税。

2）纳税人采取折扣方式销售货物时，未在同一张发票“金额”栏注明折扣额，而仅在发票的“备注”栏注明折扣额的，或将折扣额另开发票，不论其会计上如何处理，都不得从销售额中减除折扣额。

3）如果纳税人销售货物或者提供应税劳务、应税服务的价格明显偏低，并无正当理由的，或者发生视同销售行为的，应由主管税务机关核定其销售额。税务机关应按下列顺序确定销售额：

① 按纳税人最近时期同类货物的平均销售价格或提供同类应税服务的平均价格确定。

② 按其他纳税人最近时期同类货物的平均销售价格提供同类应税服务的平均价格确定。

③ 按组成计税价格确定。组成计税价格的计算公式为

$$组成计税价格＝成本×（1＋成本利润率） \tag{2-5}$$

式中，成本是指销售自产货物的为实际生产成本，销售外购货物的为实际采购成本。成本利润率由国家税务总局确定，目前为10%。属于从价定率征收或者复合计征消费税的货物，其成本利润率由国家税务总局确定。属于应征消费税的货物，其组成计税价格中应加计消费税额。如属于进口货物，其组成计税价格中还应加计关税税额。

做一做 2-1

某羊毛衫厂（一般纳税人）某月将自产的羊毛衫作为福利发给本厂职工，共50件。无同类产品销售价格，据记录50件羊毛衫总成本5 000元。请计算该项视同销售行为的销售额及销项税额。

知识拓展2-5：有关行业销售额的特殊规定

3. 含税销售额的换算

增值税实行价外税是以不含向购货方收取的销项税额作为计税销售额。但在实际工作中常常会出现企业销售货物或者提供应税劳务、应税服务采用销售额和销项税额合并定价的方法。遇到这种情况，在计税时应将含税销售额换算为不含税销售额。换算公式为

销售额＝含税销售额÷（1＋税率或征收率） （2-6）

做一做 2-2

某小规模纳税人采用销售额和应纳税额合并定价方法。某月商品销售收入共计10 000元，请计算不含税销售额。

2.4.2 一般纳税人增值税会计账户的设置

一般纳税人应在“应交税费”账户下设置“应交增值税”“未交增值税”等二级账户。

1. “应交税费——应交增值税”账户

“应交税费——应交增值税”账户的借方发生额，反映企业购进货物、接受应税劳务或者应税服务所支付的进项税额、实际已交的增值税额；“应交税费——应交增值税”账户的贷方发生额，反映销售货物、提供应税劳务和应税服务应交的增值税额、出口货物退税、转出已支付或应分摊的增值税额。“应交税费——应交增值税”明细账采用多栏式（表2-2）。在借方可以设置“进项税额”“已交税金”“转出未交增值税”“出口抵减内销产品应纳税额”等明细账户；在贷方可以设置“销项税额”“进项税额转出”“转出多交增值税”“出口退税”等明细账户。

1）“进项税额”明细账户，记录企业购入货物、接受应税劳务或者应税服务而支付的、并准予从销项税额中抵扣的增值税额；若发生购货退回或折让，应以红字记入，以示冲销的进项税额。

2）“已交税金”明细账户，核算企业当月上交本月的增值税。

3）“转出未交增值税”账户，核算一般纳税企业月终转出应交未交的增值税。

4）“出口抵减内销产品应纳税额”明细账户，记录企业按规定的退税率计算的当期应予抵扣的税额。

表 2-2　“应交税费——应交增值税”明细账

年		摘要	月初余额	借方				贷方				借或贷	余额
月	日			进项税额	已交税金	转出未交增值税	出口抵减内销产品应纳税额	销项税额	进项税额转出	转出多交增值税	出口退税		
……													
合计													

5）“销项税额”账户，记录企业销售货物、提供应税劳务或者应税服务应收取的增值税额。若发生销货退回或销售折让，应以红字记入，以示冲减销项税额。

6）“进项税额转出”账户，记录企业的购进货物、在产品、产成品等发生非正常损失及其他原因时而不应从销项税额中抵扣，按规定转出的进项税额。在出口退税业务中，还记录转出不予抵扣或退税的税额。若又发生冲销已转出的进项税额时，用红字记入。

7）“转出多交增值税”账户，核算一般纳税企业月终转出多交的增值税。

8）“出口退税”账户，记录企业向主管出口退税的税务机关申报办理出口退税而确认的应予退回的税款及应免抵税款；若办理退税后，又发生退货或者退关而补交已退增值税，则用红字记入。

2. “应交税费——未交增值税”账户

“应交税费——未交增值税”账户的借方发生额，反映从“应交税费——应交增值税（转出多交增值税）”账户转入的企业当月多交的增值税额，以及企业缴纳以前月份未交的增值税额。贷方发生额反映从“应交税费——应交增值税（转出未交增值税）”账户转入的企业当月应交未交的增值税额。期末借方余额反映企业多交的增值税，贷方余额反映企业未交的增值税。

3. “应交税费——待抵扣进项税额”账户

核算一般纳税人已取得增值税扣税凭证并经税务机关认证，按照现行增值税制度规定准予以后期间从销项税额中抵扣的进项税额。

知识拓展 2-6：财政部关于印发《增值税会计核算规定》的通知

2.4.3　一般纳税人增值税销项税额的会计核算

一般纳税人销售活动所涉及的会计账户主要有“主营业务收入”“应交税费——应交增值税（销项税额）”“银行存款”“应收账款”“应收票据”等。

1. 直接收款方式下销项税额的会计核算

采取直接收款方式销售货物，不论货物是否发出，均为收到销售款或者取得索取销售款凭据销货发票交给购货方的当日，确认销售成立并发生纳税义务。即使对不完全符合收入确认条件的销售业务，只要已向对方开出专用发票，也应确认销项税额。

【例 2-1】 广东佳信贸易有限公司 2017 年 7 月 10 日采用汇兑结算方式向广州百福电器有限公司销售电热壶一批，开出增值税专用发票一张，发票注明价款为 200 000 元，增值税税额为 34 000 元，开出转账支票，支付代垫运杂费 1 000 元。产品销售成本 124 000 元。产品已发运，货款尚未收到。该公司账务处理如下：

（1）确认销售收入

借：应收账款——广州百福电器有限公司　　235 000

　　贷：主营业务收入　　200 000

　　　　应交税费——应交增值税（销项税额）　　34 000

　　　　银行存款　　1 000

附原始凭证 2 张：增值税专用发票记账联（图 2-3）和支票存根（略）。

4601041141　　**广东增值税专用发票**　　No 031161201

此联不作报销、扣税凭证使用

开票日期：2017 年 07 月 10 日

购货单位	名　　称：广州百福电器有限公司 纳税人识别号：440102443268027 地 址、电 话：增城区光明路 36 号 68682587 开户行及账号：中国建设银行广州光明支行 15676243355	密码区	（略）

货物或应税劳务、服务名称	规格型号	单位	数量	单价	金额	税率	税额
电热壶		台	2 000	100	200 000	17%	34 000
合计					¥200 000		¥34 000
价税合计（大写）	⊗贰拾叁万肆仟元整				（小写）¥234 000		

销货单位	名　　称：广东佳信贸易有限公司 纳税人识别号：440703256268224 地 址、电 话：惠州市仲恺大道 248 号 88328688 开户行及账号：中国建设银行惠州仲恺支行 71682674152	备注	

收款人：杨明慧　　复核：李帆　　开票人：刘树林　　销货单位：（章）

第一联 记账联 销货方记账凭证

图 2-3　增值税专用发票记账联

（2）结转销售成本

借：主营业务成本　　124 000

　　贷：库存商品　　124 000

附原始凭证 1 张：产品出库单（略）。

2. 托收承付和委托银行收款方式下销项税额的会计核算

采取托收承付和委托银行收款方式销售货物，为发出货物并办妥托收手续的当天。

【例 2-2】 广东佳信贸易有限公司 2017 年 7 月 15 日向广东海天电器有限公司销售电热壶一批，开出增值税专用发票一张，发票注明价款为 200 000 元，增值税税额为 34 000 元。产品销售成本 124 000 元。产品已发运并办妥收款手续。该公司账务处理如下：

（1）确认销售收入

借：应收账款——广东海天电器有限公司　　234 000

　　贷：主营业务收入　　200 000

　　　　应交税费——应交增值税（销项税额）　　34 000

附原始凭证 2 张：增值税专用发票记账联（图 2-4）和托收凭证（略）。

4601041141　　**广东增值税专用发票**　　No 031161202

此联不作报销、扣税凭证使用

开票日期：2017 年 07 月 15 日

购货单位	名　　称：广东海天电器有限公司 纳税人识别号：440103564568023 地 址、电 话：广州市中山大道 272 号 89937584 开户行及账号：中国工商银行广州新华支行 11634813054			密码区	（略）		
货物或应税劳务、服务名称	规格型号	单位	数量	单价	金额	税率	税额
电热壶		台	2 000	100	200 000	17%	34 000
合计					¥200 000		¥34 000
价税合计（大写）	⊗贰拾叁万肆仟元整				（小写）¥234 000		
销货单位	名　　称：广东佳信贸易有限公司 纳税人识别号：440703256268224 地 址、电 话：惠州市仲恺大道 248 号 88328688 开户行及账号：中国建设银行惠州仲恺支行 71682674152			备注			

第一联　记账联　销货方记账凭证

收款人：杨明慧　　复核：李帆　　开票人：刘树林　　销货单位：（章）

图 2-4　增值税专用发票记账联

（2）结转销售成本

借：主营业务成本　　124 000

　　贷：库存商品　　124 000

附原始凭证 1 张：产品出库单（略）。

3. 商业折扣方式下销项税额的会计核算

商业折扣销售在税法上称为折扣销售，是指企业为了促进商品销售而给予供货方价格优惠。由于折扣是在实现销售时同时发生的，会计上对商业折扣部分不确认为收入。但在计税时，应该注意发票开具问题。税法强调，在同一张增值税专用发票上注明销售额和折扣额的，可按折扣后的余额计算销项税额；如果将折扣额另开发票，无论财务上如何处理，均不得从销售额中扣除折扣额。

【例 2-3】 广东佳信贸易有限公司 2017 年 7 月 16 日向佛山海纳电器有限公司销售电饭锅 2 000 台，原价为 210 元/台，因一次性购买数量较多，公司决定给予佛山海纳电器有限公司 5%的折扣（按每台 200 计价），开出增值税专用发票一张，发票注明价款为 400 000 元，增值税税额为 68 000 元。产品销售成本 324 200 元。产品已发运，货款已收妥。该公司账务处理如下：

（1）确认销售收入

借：银行存款 468 000

贷：主营业务收入 400 000

应交税费——应交增值税（销项税额） 68 000

附原始凭证 2 张：增值税专用发票记账联（图 2-5）和银行进账单（略）。

4601041141 **广东增值税专用发票** No 031161203

此联不作报销、扣税凭证使用

开票日期：2017 年 07 月 16 日

购货单位	名称：佛山海纳电器有限公司 纳税人识别号：440306208235036 地址、电话：顺德区河滨南路 9 号 67697282 开户行及账号：中国银行佛山河滨支行 31657443031				密码区	（略）		
货物或应税劳务、服务名称	规格型号	单位	数量	单价	金额	税率	税额	
电饭锅		台	2 000	200	400 000	17%	68 000	
合计					¥400 000		¥68 000	
价税合计（大写）	⊗肆拾陆万捌仟元整					（小写）¥468 000		
销货单位	名称：广东佳信贸易有限公司 纳税人识别号：440703256268224 地址、电话：惠州市仲恺大道 248 号 88328688 开户行及账号：中国建设银行惠州仲恺支行 71682674152				备注			

第一联 记账联 销货方记账凭证

收款人：杨明慧 复核：李帆 开票人：刘树林 销货单位：（章）

图 2-5 增值税专用发票记账联

（2）结转销售成本

借：主营业务成本 324 200

贷：库存商品 324 200

附原始凭证 1 张：产品出库单（略）。

4. 现金折扣方式下销项税额的会计核算

现金折扣销售方式在税法上称为销售折扣，是指销货方在销售货物或应税劳务后，为了鼓励供货方及早偿还货款而协议许诺给予购货方的一种折扣优待。销售折扣不得从销售额中扣减，要按折扣前的销售额全额作为计算销项税额的依据。

【例 2-4】 广东佳信贸易有限公司 2017 年 7 月 20 日向深圳佳缘电器有限公司销售电热壶一批，开出增值税专用发票一张，发票注明价款为 100 000 元，增值税税额为 17 000 元。产品销售成本 62 000 元。产品已发出，货款尚未收到。经双方商定，该公司同意给予深圳佳缘电器有限公司的现金折扣条件为 2/10，1/20，n/30。该公司账务处理如下：

（1）确认销售收入

借：应收账款——深圳佳缘电器有限公司　　117 000

　　贷：主营业务收入　　100 000

　　　　应交税费——应交增值税（销项税额）　　17 000

附原始凭证 1 张：增值税专用发票记账联（图 2-6）。

4601041141　　**广东增值税专用发票**　　№ 031161205

此联不作报销、扣税凭证使用

开票日期：2017 年 07 月 20 日

购货单位	名　　称：深圳佳缘电器有限公司 纳税人识别号：440206835254026 地 址、电 话：深圳市怡景路 182 号 88396432 开户行及账号：中国工商银行深圳怡景支行 21934783058				密码区	（略）		
货物或应税劳务、服务名称	规格型号	单位	数量	单价	金额	税率	税额	
电热壶		台	1 000	100	100 000	17%	17 000	
合计					¥100 000		¥17 000	
价税合计（大写）	⊗壹拾壹万柒仟元整					（小写）¥117 000		
销货单位	名　　称：广东佳信贸易有限公司 纳税人识别号：440703256268224 地 址、电 话：惠州市仲恺大道 248 号 88328688 开户行及账号：中国建设银行惠州仲恺支行 71682674152				备注			

第一联 记账联 销货方记账凭证

收款人：杨明慧　　复核：李帆　　开票人：刘树林　　销货单位：（章）

图 2-6　增值税专用发票记账联

（2）结转销售成本

借：主营业务成本　　62 000

　　贷：库存商品　　62 000

附原始凭证 1 张：产品出库单（略）。

（3）2017 年 7 月 30 日，收到货款，给予对方 2%的折扣

借：银行存款　　114 660

　　财务费用　　2 340

　　贷：应收账款——深圳佳缘电器有限公司　　117 000

附原始凭证 2 张：银行进账单和现金折扣审批单（略）。

5. 销货折让方式下销项税额的会计核算

企业在产品销售过程中，发生因品种、规格、质量等不符合要求，如果购销双方协商后不需退货，按折让一定比例后的价款和增值税税额收取时，应区别情况进行处理。

1）销货方开具专用发票尚未交付购货方，以及购货方未用于申报抵扣并将发票联及抵扣联退回的，销货方可在增值税发票管理新系统（以下简称新系统）中填开并上传开具红字增值税专用发票信息表（以下简称信息表）。销货方填开信息表时应填写相对应的蓝字专用发票信息。

如属当月销售，销货方尚未进行账务处理，则不需要进行冲销当月产品销售收入和销项税额的账务处理，只需根据双方协商扣除折让后的价款和增值税税额进行处理。

知识拓展 2-7：国家税务总局关于红字增值税发票开具有关问题的公告

2）购货方取得专用发票已用于申报抵扣的，购货方可在新系统中填开并上传信息表，在填开信息表时不填写相对应的蓝字专用发票信息，应暂依信息表所列增值税税额从当期进项税额中转出，待取得销货方开具的红字专用发票后，与信息表一并作为记账凭证。销货方按折让金额（价款和税款）开具红字增值税专用发票，作为冲销当期主营业务收入和销项税额的凭据，冲销当月主营业务收入和当月销项税额，红字借记“应收账款”，红字贷记“主营业务收入”“应交税费——应交增值税（销项税额）”账户。

【例 2-5】广东佳信贸易有限公司 2017 年 7 月 21 日向广东惠欣电器有限公司销售电饭锅一批，开出增值税专用发票一张，发票注明价款为 210 000 元，增值税税额为 35 700 元。产品销售成本 162 100 元。产品已发出，货款尚未收到。2017 年 7 月 30 日，广东惠欣电器有限公司收到货物，经检验，发现部分电饭锅存在瑕疵，要求在价格上给予折让，每台售价 200 元。经查明，广东惠欣电器有限公司的要求合理，广东佳信贸易有限公司同意并办妥有关手续，确认发生销售折让 10 000 元，转销增值税税额 1 700 元，余额已收存银行。该公司账务处理如下：

（1）7 月 21 日确认销售收入

借：应收账款——广东惠欣电器有限公司	245 700	
贷：主营业务收入		210 000
应交税费——应交增值税（销项税额）		35 700

附原始凭证 1 张：增值税专用发票记账联（图 2-7）。

（2）结转销售成本

借：主营业务成本	162 100	
贷：库存商品		162 100

附原始凭证 1 张：产品出库单（略）。

4601041141　　**广东增值税专用发票**　　No 031161206

此联不作报销、扣税凭证使用

开票日期：2017 年 07 月 21 日

购货单位	名　　称：广东惠欣电器有限公司 纳税人识别号：440703535468026 地 址、电 话：惠州市金山大道 136 号 89547586 开户行及账号：中国建设银行惠州金山支行 71606969058			密码区	（略）			
货物或应税劳务、服务名称	规格型号	单位	数量	单价	金额	税率	税额	
电饭锅		台	1 000	210	210 000	17%	35 700	
合计					¥210 000		¥35 700	
价税合计（大写）	⊗贰拾肆万柒仟柒佰元整					（小写）¥247 700		
销货单位	名　　称：广东佳信贸易有限公司 纳税人识别号：440703256268224 地 址、电 话：惠州市仲恺大道 248 号 88328688 开户行及账号：中国建设银行惠州仲恺支行 71682674152			备注				

第一联　记账联　销货方记账凭证

收款人：杨明慧　　复核：李帆　　开票人：刘树林　　销货单位：（章）

图 2-7　增值税专用发票记账联

（3）2017 年 7 月 30 日发生销售折让时

借：主营业务收入　　10 000

　　应交税费——应交增值税（销项税额）　　1 700

　　贷：应收账款——广东惠欣电器有限公司　　117 000

附原始凭证 3 张：销售折让审批单（略）、开具红字增值税专用发票信息表（图 2-8）、红字（负数）增值税专用发票（图 2-9）。

开具红字增值税专用发票信息表

填开日期：2017 年 07 月 30 日

销货方	名称	广东佳信贸易有限公司	购货方	名称	广东惠欣电器有限公司	
	纳税人识别号	440703256268224		纳税人识别号	440703535468026	
开具红字专用发票内容	货物（劳务服务）名称	数量	单价	金额	税率	税额
	电饭锅			10 000	17%	1 700
	合计	—	—	¥10 000	—	¥1 700
说明	一、购货方☑ 对应蓝字专用发票抵扣增值税销项税额情况： 1．已抵扣☐ 2．未抵扣☑ 对应蓝字专用发票的代码：4601041141　号码：031161206 二、销货方☐ 对应蓝字专用发票的代码：＿＿＿＿＿号码：＿＿＿＿＿					
红字专用发票信息表编号	031161209					

图 2-8　开具红字增值税专用发票信息表

4601041141　　**广东增值税专用发票**　　No 031161209

此联不作报销、扣税凭证使用

开票日期：2017 年 07 月 30 日

购货单位	名　称：广东惠欣电器有限公司 纳税人识别号：440703535468026 地 址、电 话：惠州市金山大道 136 号 89547586 开户行及账号：中国建设银行惠州金山支行 71606969058				密码区	（略）	
货物或应税劳务、服务名称	规格型号	单位	数量	单价	金额	税率	税额
电饭锅					-10 000	17%	-1 700
合计					¥-10 000		¥-1 700
价税合计（大写）	⊗壹万壹仟柒佰元整（负数）				（小写）¥-11 700		
销货单位	名　称：广东佳信贸易有限公司 纳税人识别号：440703256268224 地 址、电 话：惠州市仲恺大道 248 号 88328688 开户行及账号：中国建设银行惠州仲恺支行 71682674152				备注		

收款人：杨明慧　　复核：李帆　　开票人：刘树林　　销货单位：（章）

第一联 记账联 销货方记账凭证

图 2-9　红字（负数）增值税专用发票

实际登账时，“主营业务收入”“应交税费——应交增值税（销项税额）”账户应以红字记入贷方发生额。

6. 包装物租金及没收押金销项税额的会计核算

企业收取的包装物租金属于价外费用，应缴纳增值税。企业收取的包装物押金，单独记账核算的，时间在 1 年以内，又未过期的，不并入销售额征税，但对因逾期未收回包装物不再退还的押金，应按所包装货物的适用税率计算销项税额。此类业务应注意：①“逾期”是指按合同约定实际逾期或以 1 年为期限，对收取 1 年以上的押金，无论是否退还均并入销售额征税；②将包装物押金并入销售额征税时，应将押金换算为不含税价，再并入销售额征税；③应按所包装货物的适用税率计算销项税额；④对销售除啤酒、黄酒外的其他酒类产品而收取的包装物押金，无论是否返还及会计上如何核算，均应并入当期销售额征税。

【例 2-6】 广东佳信贸易有限公司 2017 年 7 月 16 日在销售电饭锅时，租给佛山海纳电器有限公司包装箱一批，收取押金 1 170 元和租金 351 元，款项已收存银行。租期为 10 天，期满未能收回包装箱，没收押金。该公司账务处理如下：

（1）收取包装物押金时

借：银行存款　　1 170

　　贷：其他应付款——佛山海纳电器有限公司　　1 170

附原始凭证 2 张：收款收据和银行进账单（略）。

（2）取得包装物租金时

包装物租金销售额＝351÷（1＋17%）＝300（元）

包装物租金应计销项税额＝300×17%＝51（元）

借：银行存款　351

　贷：其他业务收入　300

　　应交税费——应交增值税（销项税额）　51

附原始凭证2张：增值税专用发票记账联（图2-10）和银行进账单（略）。

4601041141　**广东增值税专用发票**　№ 031161204

此联不作报销、扣税凭证使用

开票日期：2017年07月16日

购货单位	名　　称：佛山海纳电器有限公司 纳税人识别号：440306208235036 地 址、电 话：顺德区河滨南路9号 67697282 开户行及账号：中国银行佛山河滨支行 31657443031			密码区	（略）		
货物或应税劳务、服务名称	规格型号	单位	数量	单价	金额	税率	税额
包装箱租金					300	17%	51
合计					¥300		¥51
价税合计（大写）	⊗叁佰伍拾壹元整				（小写）¥351.00		
销货单位	名　　称：广东佳信贸易有限公司 纳税人识别号：440703256268224 地 址、电 话：惠州市仲恺大道248号 88328688 开户行及账号：中国建设银行惠州仲恺支行 71682674152			备注			

第一联　记账联　销货方记账凭证

收款人：杨明慧　复核：李帆　开票人：刘树林　销货单位：（章）

图2-10　增值税专用发票记账联

（3）7月26日租期到，没收押金时

其他业务收入＝1 170÷（1＋17%）＝1 000（元）

借：其他应付款——佛山海纳电器有限公司　1 170

　贷：其他业务收入　1 000

　　应交税费——应交增值税（销项税额）　170

附原始凭证2张：包装物处理意见函（略）和增值税专用发票记账联（图2-11）。

7. 货物用于招待业务销项税额的会计核算

企业将自产、委托加工或购买的货物作为礼品赠送，属于视同销售行为。如果属于外购的货物，可按购入的价格确定销售收入，如果属于企业自制、委托加工的产品，应按公允价值计算确定销售额。

4601041141　　**广东增值税专用发票**　　№ 031161208

此联不作报销、扣税凭证使用

开票日期：2017 年 07 月 26 日

购货单位	名　　称：佛山海纳电器有限公司 纳税人识别号：440306208235036 地 址、电 话：顺德区河滨南路 9 号 67697282 开户行及账号：中国银行佛山河滨支行 31657443031				密码区	（略）		
货物或应税劳务、服务名称	规格型号	单位	数量	单价	金额	税率	税额	
包装箱		批	1	1 000	1 000	17%	170	
合计					¥1 000		¥170	
价税合计（大写）	⊗壹仟壹佰柒拾元整				（小写）¥1 170			
销货单位	名　　称：广东佳信贸易有限公司 纳税人识别号：440703256268224 地 址、电 话：惠州市仲恺大道 248 号 88328688 开户行及账号：中国建设银行惠州仲恺支行 71682674152				备注			

第一联 记账联 销货方记账凭证

收款人：杨明慧　　复核：李帆　　开票人：刘树林　　销货单位：（章）

图 2-11　增值税专用发票记账联

【例 2-7】 广东佳信贸易有限公司 2017 年 7 月 22 日将外购的 100 台电热壶赠送有关客户，计入业务招待费。电热壶购进价格为每台 62 元，同型号电热壶零售价每台 100 元（不含增值税）。该公司账务处理如下：

（1）计入业务招待费时，按销售处理

增值税销项税额=100×100×17%=1 700（元）

借：管理费用　　11 700

　　贷：主营业务收入　　10 000

　　　　应交税费——应交增值税（销项税额）　　1 700

附原始凭证 1 张：产品发放清单（略）。

（2）结转赠送礼品成本

借：主营业务成本　　6 200

　　贷：库存商品　　6 200

附原始凭证 1 张：产品出库单（略）。

8. 货物用于集体福利、个人消费销项税额的会计核算

企业将自产、委托加工的货物用于集体福利、个人消费，属于视同销售行为，应按所用货物的售价或组成计税价格乘以适用税率计算销项税额。企业将外购的货物用于集体福利、个人消费，不属于视同销售，其进项税额不得抵扣，应做进项税额转出处理。

做一做 2-3

某食品厂系增值税一般纳税人，共有职工100人，其中生产工人90人，厂部管理人员10人。7月份，该厂决定：

1）以其自产食用植物油作为福利发放给职工，每人发放2桶植物油。

2）以其自产食用植物油50桶发放职工食堂。

每桶植物油单位生产成本40元，当月平均销售价格67.80元/桶（含增值税）。请进行会计处理。

9. 货物用于投资、分配、捐赠销项税额的会计核算

企业将自产、委托加工或者购买的货物用于投资、分配、捐赠，属于视同销售行为，应及时核算货物销售收入和结转货物成本，并按所用货物的售价（或公允价值）乘以适用税率计算销项税额。

【例 2-8】广东佳信贸易有限公司 2017 年 7 月 23 日向中国红十字会捐赠外购的 50 台电热壶，电热壶购进价格为每台 62 元，同型号电热壶零售价每台 100 元（不含增值税）。该公司账务处理如下：

（1）对外捐赠时，按销售处理

增值税销项税额＝100×50×17%＝850（元）

借：营业外支出　　5 850

　　贷：主营业务收入　　5 000

　　　　应交税费——应交增值税（销项税额）　　850

附原始凭证 1 张：广东省接受社会捐赠专用收据（略）。

（2）结转捐赠电热壶成本

借：主营业务成本　　3 100

　　贷：库存商品　　3 100

附原始凭证 1 张：产品出库单（略）。

10. 出售使用过固定资产销项税额的会计核算

企业销售已使用过的、可抵扣增值税的固定资产，按基本税率 17%计算增值税销项税额。如果销售的固定资产是在增值税转型之前购入的，则其出售视为旧货销售，按照不含税销售额与 4%的征收率减半计算缴纳增值税。

【例 2-9】广东佳信贸易有限公司 2017 年 7 月 23 日出售运输用汽车一辆，取得不含税价款 110 000 元，增值税税率 17%，款项已存入银行。该汽车 2016 年 6 月购入，增值税专用发票上注明价款 140 000 元，增值税 23 800 元。公司已经将其作为固定资产核算，计提折旧 33 250 元。该公司账务处理如下：

知识拓展 2-8：固定资产处置税金的处理

（1）固定资产转入清理时

借：固定资产清理　　106 750

　　累计折旧　　33 250

　　贷：固定资产　　140 000

附原始凭证 1 张：固定资产处置清单（略）。

（2）收到出售价款时

销项税额=110 000×17%=18 700（元）

借：银行存款　　128 700

　　贷：固定资产清理　　110 000

　　　　应交税费——应交增值税（销项税额）　　18 700

附原始凭证 2 张：增值税专用发票记账联（图 2-12）固定资产处置清单（略）。

4601041141　　**广东增值税专用发票**　　№ 031161207

此联不作报销、扣税凭证使用

开票日期：2017 年 07 月 23 日

购货单位	名　　称：广东枫叶服装有限公司 纳税人识别号：440102565268058 地 址、电 话：广州市芳村中路 18 号 75695636 开户行及账号：中国建设银行广州芳村支行 79152683024	密码区	（略）

货物或应税劳务、服务名称	规格型号	单位	数量	单价	金额	税率	税额
货运汽车		辆	1	110 000	110 000	17%	18 700
合计					¥110 000		¥18 700
价税合计（大写）	⊗壹拾贰万捌仟柒佰元整				（小写）¥128 700		

销货单位	名　　称：广东佳信贸易有限公司 纳税人识别号：440703256268224 地 址、电 话：惠州市仲恺大道 248 号 88328688 开户行及账号：中国建设银行惠州仲恺支行 71682674152	备注	

收款人：杨明慧　　复核：李帆　　开票人：刘树林　　销货单位：（章）

第一联 记账联 销货方记账凭证

图 2-12　增值税专用发票记账联

（3）结转清理净损益时

借：固定资产清理　　3 250

　　贷：营业外收入——处置非流动资产利得　　3 250

附原始凭证 1 张：内部转账单（略）。

做一做 2-4

某企业系增值税一般纳税人，2017 年 7 月 25 日出售一台闲置不用的 2007 年 8 月购置的设备，原值为 200 000 元，已计提折旧 150 000 元，用银行存款支付清理费用 1 000 元（适用增值税税率为 11%），出售价款 60 000 元，增值税 1 200 元，已存入银行。请进行会计处理。

2.5　增值税进项税额及其转出的会计核算

2.5.1　进项税额

1. 进项税额

纳税人购进货物、加工修理修配劳务、无形资产或者不动产，支付或者所负担的增值税额，称为进项税额。进项税额实际上是购货方通过销货方向政府支付的税额，对购货方来说是进项税额，对销货方来说，则是在价外收取的销项税额。

2. 准予抵扣的进项税额

下列进项税额准予从销项税额中抵扣：

1）从销货方取得的增值税专用发票（含税控机动车销售统一发票，下同）上注明的增值税额。

2）从海关取得的海关进口增值税专用缴款书上注明的增值税额。

纳税人进口货物，凡已缴纳了进口环节增值税的，不论其是否已经支付货款，其取得的海关进口增值税专用缴款书均可作为增值税进项税额抵扣凭证。

3）购进农产品，除取得增值税专用发票或者海关进口增值税专用缴款书外，按照农产品收购发票或者销售发票上注明的农产品买价（包括纳税人购进农产品在农产品收购发票或者销售发票上注明的价款和按规定缴纳的烟叶税）和 13%的扣除率计算的进项税额。进项税额计算公式为

$$进项税额=买价\times扣除率 \tag{2-7}$$

做一做　2-5

某食品企业系增值税一般纳税人，2017 年 7 月份从农民手中收购农产品一批，农产品收购发票列明的收购金额 100 000 元。该批农产品已验收入库，款项已付。请进行会计处理。

4）纳税人购进服务、无形资产或者不动产，取得的增值税专用发票上注明的增值税额为进项税额，准予从销项税额中抵扣。

5）纳税人自用的应征消费税的摩托车、汽车、游艇，其进项税额准予从销项税额中抵扣。

6）纳税人从境外单位或者个人购进服务、无形资产或者不动产，按照规定应当扣缴增值税的，准予从销项税额中抵扣的进项税额为自税务机关或者扣缴义务人取得的解缴税款的完税凭证上注明的增值税额。

知识拓展 2-9：不动产的进项税额的抵扣政策及会计核算

3. 进项税额申报抵扣时间

增值税一般纳税人进项税额申报抵扣的时间，应按以下规定执行：

1）增值税一般纳税人取得的增值税专用发票，必须自该专用发票开具之日起 180

日内到税务机关办理认证，并应在认证通过的次月申报期内向主管税务机关申报抵扣进项税额。否则不予抵扣进项税额。

2）增值税一般纳税人进口货物，取得海关开具的进口增值税专用缴款书，实行“先比对后抵扣”管理办法的纳税人，应当在开具之日起180日内向主管税务机关报送《海关完税凭证抵扣清单》申请稽核比对。未实行“先比对后抵扣”管理办法的纳税人，应当在开具之日起180日后的第一个纳税申报期结束以前，向主管税务机关申报抵扣进项税额。否则不予抵扣进项税额。

4. 不得抵扣的进项税额

根据《中华人民共和国增值税暂行条例实施细则》（以下简称《增值税暂行条例实施细则》）和《营业税改征增值税试点实施办法》的规定，下列项目的进项税额不得从销项税额中抵扣。

1）用于简易计税方法的计税项目、免征增值税项目、集体福利或者个人消费的购进货物、加工修理修配劳务、服务、无形资产和不动产。其中涉及的固定资产、无形资产、不动产，仅指专用于上述项目的固定资产、无形资产（不包括其他权益性无形资产）、不动产。纳税人的交际应酬消费属于个人消费。

2）非正常损失的购进货物，以及相关的加工修理修配劳务和交通运输服务。

非正常损失，是指因管理不善造成货物被盗、丢失、霉烂变质，以及因违反法律法规造成货物或者不动产被依法没收、销毁、拆除的情形。下同。

3）非正常损失的在产品、产成品所耗用的购进货物（不包括固定资产）的加工修理修配劳务和交通运输服务。

4）非正常损失的不动产，以及该不动产所耗用的购进货物、设计服务和建筑服务。

5）非正常损失的不动产在建工程所耗用的购进货物、设计服务和建筑服务。

6）购进的旅客运输服务、贷款服务、餐饮服务，居民日常服务和娱乐服务。

7）纳税人接受贷款服务向贷款方支付的与该笔贷款直接相关的投融资顾问费，手续费、咨询费等费用。

8）财政部和国家税务总局规定的其他情形。

已抵扣进项税额的购进货物（不含固定资产）、劳务、服务，发生《增值税暂行条例实施细则》和《营业税改征增值税试点实施办法》规定的不得从销项税额中抵扣的情形（简易计税方法计税项目、免征增值税项目除外）的，应当将该进项税额从当期进项税额中扣减；无法确定该项进项税额的，按照当期实际成本计算应扣减的进项税额。

知识拓展2-10：固定资产、无形资产或者不动产扣减、转增进项税额的规定

纳税人适用一般计税方法计税的，因销售折让、中止或者退回而退还给购货方的增值税额，应当从当期的销项税额中扣减；因销售折让、中止或者退回而收回的增值税额，应当从当期的进项税额中扣减。

2.5.2 增值税进项税额的会计核算

一般纳税人取得资产或接受劳务等业务所涉及的会计账户主要有“在途物资”“原

材料”“库存商品”“生产成本”“无形资产”“固定资产”“管理费用”“应交税费——应交增值税（进项税额）”“银行存款”“应付账款”“应付票据”等。

1. 购进货物、加工修理修配劳务、无形资产或不动产进项税额的会计核算

对准予抵扣的进项税额，如果采购业务发生时就符合抵扣条件，可直接将进项税额借记“应交税费——应交增值税（进项税额）”账户；对不准抵扣的进项税额，应将专用发票上注明的增值税额记入采购货物的成本中，借记“原材料”“库存商品”“在建工程”等账户，贷记“银行存款”“应付账款”等账户。

【例 2-10】 广东佳信贸易有限公司 2017 年 7 月 1 日从广东倍家科技有限公司购入电热壶 5 000 台，收到增值税专用发票，发票注明价款 310 000 元，增值税 52 700 元。电热壶已验收入库，货款已付。该公司账务处理如下：

收到发票等结算凭证时：

借：库存商品——电热壶	310 000
应交税费——应交增值税（进项税额）	52 700
贷：银行存款	362 700

附原始凭证 3 张：增值税专用发票发票联（图 2-13）、支票和入库单（略）。

4601041141　　**广东增值税专用发票**　　№ 031131001

发　票　联

开票日期：2017 年 07 月 01 日

购货单位	名　　称：广东佳信贸易有限公司 纳税人识别号：440703256268224 地 址、电 话：惠州市仲恺大道 248 号 88328688 开户行及账号：中国建设银行惠州仲恺支行 71682674152			密码区	（略）			
货物或应税劳务、服务名称	规格型号	单位	数量	单价	金额	税率	税额	
电热壶		台	5 000	62	310 000	17%	52 700	
合计					¥310 000		¥52 700	
价税合计（大写）	⊗叁拾陆万贰仟柒佰元整				（小写）¥362 700			
销货单位	名　　称：广东倍家科技有限公司 纳税人识别号：440703256268024 地 址、电 话：惠州市仲恺大道 248 号 88327589 开户行及账号：中国建设银行惠州仲恺支行 71682674052			备注	广东倍家科技有限公司 914407030256268024D 发票专用章			

第三联　发票联　购货方记账凭证

收款人：谢惠新　　复核：杨晓梅　　开票人：王耀林　　销货单位：（章）

图 2-13　增值税专用发票发票联

2. 接受投资、捐赠转入货物进项税额的会计核算

企业接受投资、捐赠转入的货物，按照双方确认的投资或捐赠货物的价值，借记“原材料”“库存商品”等账户，按照专用发票上注明的增值税额，借记“应交税费——应交增值税（进项税额）”账户；按照确定的出资额贷记“实收资本”账户；受赠者按规定的入账价值贷记“营业外收入”账户。

知识扩展 2-11：进口货物的增值税计算方法

做一做 2-6

某食品企业系增值税一般纳税人，2017年7月份接受光明公司作为资本投入的原材料一批，双方协议确定的价值为150 000元，增值税额为25 500元。收到光明公司开来的增值税专用发票，材料已验收入库，办妥验资手续。请进行账务处理。

3. 支付水电费进项税额的会计核算

企业的水电费，可以根据权责发生制先在月底计提，记入相关“制造费用”“管理费用”等账户，次月支付水电费，可以根据增值税专用发票注明增值税税额进行税款抵扣。

【例2-11】 广东佳信贸易有限公司2017年7月21日支付上月水电费。用电电价为372元，税额63.24元，用水水费为20元，税额2.60元。该公司账务处理如下：

借：应付账款——惠州供电 372

——惠州供水 20

应交税费——应交增值税（进项税额） 65.84

贷：银行存款 457.84

附原始凭证3张：增值税专用发票发票联（图2-14和图2-15）、付款通知单（略）。

4417241743　　**广东增值税专用发票**　　№ 221341601

发票联

开票日期：2017年07月21日

购货单位	名　　称：广东佳信贸易有限公司 纳税人识别号：440703256268224 地 址、电 话：惠州市仲恺大道248号 88328688 开户行及账号：中国建设银行惠州仲恺支行 71682674152				密码区	（略）		
货物或应税劳务、服务名称	规格型号	单位	数量	单价	金额	税率	税额	
供电		度	310	1.20	372	17%	63.24	
合计					¥372	17%	¥63.24	
价税合计（大写）	⊗肆佰叁拾伍元贰角肆分				（小写）¥435.24			
销货单位	名　　称：广东电网惠州供电公司 纳税人识别号：440172867267836 地 址、电 话：惠州市麦地南路42号 88683127 开户行及账号：中国工商银行惠州麦地支行 78263674849				备注			

第三联 发票联 购货方记账凭证

收款人：　　复核：　　开票人：谢德林　　销货单位：（章）

图2-14　增值税专用发票发票联

4417269742　　**广东增值税专用发票**　　№ 323661701

发　票　联

开票日期：2017 年 07 月 21 日

购货单位	名　　称：广东佳信贸易有限公司 纳税人识别号：440703256268224 地 址、电 话：惠州市仲恺大道 248 号 88328688 开户行及账号：中国建设银行惠州仲恺支行 71682674152	密码区	（略）

货物或应税劳务、服务名称	规格型号	单位	数量	单价	金额	税率	税额
供水		吨	5	4	20	13%	2.60
合计					¥20	13%	¥2.60
价税合计（大写）	⊗贰拾贰元陆角整				（小写）¥22.60		

销货单位	名　　称：惠州市自来水总公司 纳税人识别号：440172387269636 地 址、电 话：惠州市金湖路 118 号 88696627 开户行及账号：中国建设银行惠州金湖支行 71224574848	备注	

收款人：　　复核：　　开票人：黄爱林　　销货单位：（章）

第三联　发票联　购货方记账凭证

图 2-15　增值税专用发票发票联

4. 购进货物发生退货、折让进项税额的会计核算

企业购进货物发生退货时，购货方应区分下列两种情况进行会计核算。

1）购货方没有支付货款且未进行账务处理。这种情况下购货方只需将发票联及抵扣联退回销货方。

2）如果已付款或者货款未付但已做账务处理，购货方取得专用发票已用于申报抵扣的，购货方可在增值税发票管理新系统中填开并上传信息表，在填开《信息表》时不填写相对应的蓝字专用发票信息（如购货方取得专用发票未用于申报抵扣，但发票联或抵扣联无法退回销货方，则应填写相应的蓝字专用发票信息），应暂依信息表所列增值税税额从当期进项税额中转出，待取得销货方开具的红字专用发票后，与信息表一并作为记账凭证。

【例 2-12】 广东佳信贸易有限公司 2017 年 7 月 2 日向广东倍家科技有限公司购入电饭锅 3 600 台，收到增值税专用发票，发票注明价款 583 200 元，增值税 99 144 元。运费增值税专用发票一张，注明运费 350 元，增值税 38.50 元，结算凭证经审核无误，同意付款，电饭锅尚未验收入库。该公司账务处理如下：

收到发票等结算凭证时

借：在途物资——电饭锅　　583 550

　　应交税费——应交增值税（进项税额）　　99 182.50

　　贷：银行存款　　682 732.50

附原始凭证 3 张：增值税专用发票发票联（图 2-16）、运费增值税专用发票（图 2-17）

和支票（略）。

4601041141　　**广东增值税专用发票**　　No 031131002

发 票 联

开票日期：2017年07月02日

购货单位	名　　称：广东佳信贸易有限公司 纳税人识别号：440703256268224 地 址、电 话：惠州市仲恺大道248号 88328688 开户行及账号：中国建设银行惠州仲恺支行 71682674152				密码区	（略）	
货物或应税劳务、服务名称	规格型号	单位	数量	单价	金额	税率	税额
电饭锅		台	3 600	162	583 200	17%	99 144
合计					¥583 200		¥99 144
价税合计（大写）	⊗陆拾捌万贰仟叁佰肆拾肆元整				（小写）¥682 344		
销货单位	名　　称：广东倍家科技有限公司 纳税人识别号：440703256268024 地 址、电 话：惠州市仲恺大道248号 88327589 开户行及账号：中国建设银行惠州仲恺支行 71682674052				备注		

收款人：谢惠新　　复核：杨晓梅　　开票人：王耀　　销货单位：（章）

第三联 发票联 购货方记账凭证

图2-16　增值税专用发票发票联

4406235372　　**广东增值税专用发票**　　No 391061001

发 票 联

开票日期：2017年07月02日

购货单位	名　　称：广东佳信贸易有限公司 纳税人识别号：440703256268224 地 址、电 话：惠州市仲恺大道248号 88328688 开户行及账号：中国建设银行惠州仲恺支行 71682674152				密码区	（略）	
货物或应税劳务、服务名称	规格型号	单位	数量	单价	金额	税率	税额
运输					350.00	11%	38.50
合计					¥350.00		¥38.50
价税合计（大写）	⊗叁佰捌拾捌元伍角整				（小写）¥388.50		
销货单位	名　　称：广东通达快递有限公司 纳税人识别号：440766208268039 地 址、电 话：惠州市惠南大道119号 83697282 开户行及账号：交通银行惠州惠南支行 71658643031				备注	惠南大道——仲恺大道 电饭锅	

收款人：　　复核：　　开票人：李晓红　　销货单位：（章）

第三联 发票联 购货方记账凭证

图2-17　运费增值税专用发票

【例 2-13】承例 2-12，广东佳信贸易有限公司 2017 年 7 月 2 日向广东倍家科技有限公司购入电饭锅 3 600 台。7 月 12 日，经检验，发现其中 100 台不符合质量要求，提出退货。佳信公司在增值税发票管理新系统中填开并上传信息表。7 月 16 日收到倍家公司开具的红字增值税专用发票，当日收到退回的货款并将电饭锅 100 台退回倍家公司。该公司账务处理如下：

（1）7 月 2 日 3 500 台电饭锅验收入库

借：库存商品——电饭锅　　567 350

　　贷：在途物资——电饭锅　　567 350

附原始凭证 1 张：入库单（略）。

（2）7 月 16 日，收到倍家公司开具的红字增值税专用发票及退回的货款

借：银行存款　　18 954

　　贷：应交税费——应交增值税（进项税额）　　2 754

　　　　在途物资——电饭锅　　16 200

附原始凭证 3 张：增值税专用发票发票联（图 2-18）、开具红字增值税专用发票信息表（图 2-19）和银行进账单（略）。

4601041141　　**广东增值税专用发票**　　№ 031131010

发　票　联

开票日期：2017 年 07 月 16 日

购货单位	名　　称：广东佳信贸易有限公司 纳税人识别号：440703256268224 地 址、电 话：惠州市仲恺大道 248 号 88328688 开户行及账号：中国建设银行惠州仲恺支行 71682674152			密码区	（略）		
货物或应税劳务、服务名称	规格型号	单位	数量	单价	金额	税率	税额
电饭锅		台	−100	162	−16 200	17%	−2 754
合计					¥−16 200		¥−2 754
价税合计（大写）	⊗壹万捌仟玖佰伍拾肆元整（负数）				（小写）¥−18 954		
销货单位	名　　称：广东倍家科技有限公司 纳税人识别号：440703256268024 地 址、电 话：惠州市仲恺大道 248 号 88327589 开户行及账号：中国建设银行惠州仲恺支行 71682674052			备注	广东倍家科技有限公司 914407030256268024D 发票专用章		

第三联　发票联　购货方记账凭证

收款人：谢惠新　　复核：杨晓梅　　开票人：王耀林　　销货单位：（章）

图 2-18　增值税专用发票发票联

开具红字增值税专用发票信息表

填开日期：2017 年 7 月 12 日

<table>
<tr><td rowspan="2">销货方</td><td>名　称</td><td>广东倍家科技有限公司</td><td rowspan="2">购货方</td><td>名　称</td><td colspan="2">广东佳信贸易有限公司</td></tr>
<tr><td>纳税人识别号</td><td>440703256268024</td><td>纳税人识别号</td><td colspan="2">440703256268224</td></tr>
<tr><td rowspan="8">开具红字专用发票内容</td><td>货物（劳务服务）名称</td><td>数量</td><td>单价</td><td>金额</td><td>税率</td><td>税额</td></tr>
<tr><td>电饭锅</td><td>100</td><td>162</td><td>16 200</td><td>17%</td><td>2 754</td></tr>
<tr><td></td><td></td><td></td><td></td><td></td><td></td></tr>
<tr><td></td><td></td><td></td><td></td><td></td><td></td></tr>
<tr><td></td><td></td><td></td><td></td><td></td><td></td></tr>
<tr><td></td><td></td><td></td><td></td><td></td><td></td></tr>
<tr><td></td><td></td><td></td><td></td><td></td><td></td></tr>
<tr><td>合计</td><td>—</td><td>—</td><td>¥16 200</td><td>—</td><td>¥2 754</td></tr>
<tr><td>说明</td><td colspan="6">一、购货方☑
对应蓝字专用发票抵扣增值税销项税额情况：
1．已抵扣☐
2．未抵扣☑
对应蓝字专用发票的代码：4601041141　号码：031131002
二、销货方☐
对应蓝字专用发票的代码：______________　号码：______________</td></tr>
<tr><td>红字专用发票信息表编号</td><td colspan="6">031131010</td></tr>
</table>

图 2-19　开具红字增值税专用发票信息表

折让的会计核算方法与退货基本相同。

5. 购进应税服务进项税额的会计核算

应税服务包括交通运输服务、邮政服务、电信服务、建筑服务、金融服务、现代服务、生活服务。纳税人购进应税服务，取得的增值税专用发票上注明的增值税额为进项税额，准予从销项税额中抵扣。但是企业购进用于简易计税方法计税项目、免征增值税项目、集体福利或者个人消费的进项税额，以及取得贷款、餐饮、居民日常和娱乐服务的进项税额不得抵扣。

知识拓展 2-12：14 种进项税额不能抵扣的情形

【例 2-14】广东佳信贸易有限公司 2017 年 7 月 16 日开出支票支付产品广告费 22 000 元、增值税额 1 320 元。该公司账务处理如下：

	借方	贷方
借：销售费用——广告费	22 000	
应交税费——应交增值税（进项税额）	1 320	
贷：银行存款		23 320

附原始凭证 2 张：增值税专用发票发票联（图 2-20）和支票存根（略）。

4401675326　　**广东增值税专用发票**　　№ 440139016

发　票　联

开票日期：2017 年 07 月 16 日

购货单位	名　　称：广东佳信贸易有限公司 纳税人识别号：440703256268224 地 址、电 话：惠州市仲恺大道 248 号 88328688 开户行及账号：中国建设银行惠州仲恺支行 71682674152				密码区	（略）		
货物或应税劳务、服务名称	规格型号	单位	数量	单价	金额	税率	税额	
广告费					22 000	6%	1 320	
合计					¥22 000		¥1 320	
价税合计（大写）	⊗贰万叁仟叁佰贰拾元整				（小写）¥23 320			
销货单位	名　　称：广州视讯广告有限公司 纳税人识别号：440106258262043 地 址、电 话：广州市中山大道 236 号 88956678 开户行及账号：中国工商银行广州中山支行 11600856492				备注			

第二联　发票联　购货方记账凭证

收款人：陈丰华　　复核：黎志林　　开票人：李敏虹　　销货单位：（章）

图 2-20　增值税专用发票发票联

【例 2-15】广东佳信贸易有限公司 2017 年 7 月 20 日为拓展产品销售市场发生业务招待费 1 600 元，增值税率为 6%，以银行存款支付。该公司账务处理如下：

借：管理费用——业务招待费　　1 696

　　贷：银行存款　　1 696

附原始凭证 2 张：增值税专用发票发票联（图 2-21）和支票存根（略）。

为拓展产品销售，支付客户招待餐饮费，以银行存款支付。

4401396367　　**广东增值税专用发票**　　№ 121648065

发　票　联

开票日期：2017 年 07 月 20 日

购货单位	名　　称：广东佳信贸易有限公司 纳税人识别号：440703256268224 地 址、电 话：惠州市仲恺大道 248 号 88328688 开户行及账号：中国建设银行惠州仲恺支行 71682674152				密码区	（略）		
货物或应税劳务、服务名称	规格型号	单位	数量	单价	金额	税率	税额	
餐费					1 600	6%	96	
合计					¥1 600		¥96	
价税合计（大写）	⊗壹仟陆佰玖拾陆元整				（小写）¥1 696			
销货单位	名　　称：惠州福乐酒店有限公司 纳税人识别号：440761705268028 地 址、电 话：惠州市金榜路 88 号 88869999 开户行及账号：中国工商银行惠州金榜支行 71654313963				备注			

第三联　发票联　购货方记账凭证

收款人：　　复核：　　开票人：秦丽芬　　销货单位：（章）

图 2-21　增值税专用发票发票联

2.5.3 增值税进项税额转出的会计核算

1. 进项税额转出的情形

企业购进的货物由于管理不善原因造成的非正常损失，以及将已抵扣进项税额的购进货物、加工修理修配劳务或服务、无形资产或不动产改变用途，如用于简易计税项目、免税项目、集体福利或个人消费等，应当将该进项税额从当期进项税额中扣减，转入“应交税费——应交增值税（进项税额转出）”账户。

2. 进项税额转出的会计核算

（1）非正常损失货物进项税额转出的会计核算

非正常损失，是指因管理不善造成货物被盗、丢失、霉烂变质，以及因违反法律法规造成货物或者不动产被依法没收、销毁、拆除的情形。按照税法规定，非正常损失购进货物的进项税额和非正常损失的在产品、产成品所耗用的购进货物或应税劳务的进项税额，不得从销项税额中抵扣，应转入“应交税费——应交增值税（进项税额转出）”账户。

做一做 2-7

某化工公司在2016年1月份购进10吨化工原料，不含税价值为15万元。该化工原料保质期较短，而且需要妥善保管。由于一次性购买过多，未及时使用，保管措施落后，该批化工原料中的1吨在2017年7月已经过期失效，不能够再使用。该项原材料损失属于非正常损失，其进项税额不得抵扣，请进行账务处理。

（2）购进货物、加工修理修配劳务或服务、无形资产或不动产改变用途进项税额转出的会计核算

若企业购进生产、经营用货物、加工修理修配劳务或服务、无形资产或不动产日后被用于简易计税项目、免税项目、集体福利或个人消费等，即改变其用途时，应将其相应的增值税额从“进项税额”账户中转出，随同相关成本计入有关账户。

做一做 2-8

某食品加工厂系增值税一般纳税人，共有职工100人，其中生产工人90人，厂部管理人员10人。2017年7月份，该厂决定以其外购食用植物油作为福利发放给职工，每人发放2桶植物油。植物油系生产用原料，购买时取得增值税专用发票，每桶采购成本为50元，增值税税率为13%，并已按发票注明的增值税额在销项税额中抵扣。请进行账务处理。

2.6 增值税应纳税额的计算及上缴的会计核算

2.6.1 一般纳税人增值税应纳税额的计算

一般纳税人销售货物或者提供应税劳务和应税服务适用一般计税方法计税。其计算

公式为

$$当期应纳增值税税额＝当期销项税额－当期进项税额 \quad (2-8)$$

式中，“当期销项税额”的当期，与纳税义务发生时间和增值税发票开具时限相呼应。“当期进项税额”是指在规定时限内对取得的进项税额发票进行认证，不论该发票上所列的货物是否投入生产或销售，经过认证的发票税额可以进行进项税额的抵扣（规定不得抵扣进项税额的情形除外）。

当期应纳税额计算结果若为正数，是当期应缴纳增值税；计算结果若为负数，形成留抵税额，待下期与下期进项税额一并从下期销项税额中抵扣。

【例 2-16】承例 2-1 至例 2-15，广东佳信贸易有限公司根据 2017 年 7 月的购销业务，计算当期应纳增值税税额如下：

当期销项税额＝34 000＋34 000＋68 000＋17 000＋35 700－1 700＋51＋170＋1 700＋850＋18 700＝208 471（元）

当期进项税额＝52 700＋65.84＋99 182.50－2 754＋1 320＝150 514.34（元）

当期应纳增值税税额＝当期销项税额－当期进项税额＝208 471－150 514.34＝57 956.66（元）

知识拓展 2-13：增值税税控系统专用设备和技术维护费用抵减增值税税额的会计核算

知识拓展 2-14：财政部、国家税务总局关于增值税税控系统专用设备和技术维护费用抵减增值税税额有关政策的通知

2.6.2 月末转出多交增值税和未交增值税的会计核算

月度终了，企业应当将当月应交未交或多交的增值税自“应交税费——应交增值税”账户转入“未交增值税”账户。对于当月应交未交的增值税，借记“应交税费——应交增值税（转出未交增值税）”账户，贷记“应交税费——未交增值税”账户；对于当月多交的增值税，借记“应交税费——未交增值税”账户，贷记“应交税费——应交增值税（转出多交增值税）”账户。

【例 2-17】承例 2-16，广东佳信贸易有限公司 2017 年 7 月末，将当月尚未交纳的增值税税款转账。该公司账务处理如下：

借：应交税费——应交增值税（转出未交增值税）　　57 956.66

　　贷：应交税费——未交增值税　　57 956.66

附原始凭证 1 张：内部转账单（略）。

2.6.3 交纳增值税的会计核算

企业当月交纳当月应交的增值税，借记“应交税费——应交增值税（已交税金）”

账户，贷记“银行存款”账户；企业当月交纳以前期间未交的增值税，借记“应交税费——未交增值税”账户，贷记“银行存款”账户。

【例 2-18】承例 2-17，广东佳信贸易有限公司 2017 年 8 月 12 日，交纳 2017 年 7 月增值税 57 956.66 元。该公司账务处理如下：

借：应交税费——未交增值税　　57 956.66

　　贷：银行存款　　57 956.66

附原始凭证 1 张：电子缴税凭证（略）。

2.7 小规模纳税人应交增值税的会计核算

2.7.1 小规模纳税人应交增值税税额的计算

小规模纳税人应交增值税，实行简易办法计算应纳税额，以不含税销售额乘以规定的增值税征收率（3%），不得抵扣进项税额。

小规模纳税人取得的销售额与一般纳税人的销售额所包含的内容是一致的，都是销售货物或提供应税劳务、服务向购货方收取的全部价款和价外费用，但是不包括从买方收取的增值税税额。

2.7.2 小规模纳税人应交增值税税额的会计核算

小规模纳税企业不享有进项税额的抵扣权，其购进货物、无形资产或不动产以及接应税受劳务或服务所支付的增值税，直接计入有关货物、无形资产、不动产、劳务或服务的成本。因此，小规模纳税企业只需在“应交税费”账户下设置“应交增值税”明细分类账户进行核算，不需要在“应交增值税”明细分类账户中设置专栏。

“应交税费——应交增值税”账户贷方登记小规模纳税企业应交纳的增值税，借方登记小规模纳税企业已交纳的增值税，期末贷方余额表示企业尚未交纳的增值税额，期末借方余额表示企业多交纳的增值税额。

税额从“进项税额”账户中转出，随同相关成本记入有关账户。

做一做 2-9

某工业企业属小规模纳税人，发生下列经济业务：

1）1 月份购进商品，收到增值税普通发票，注明价款 50 000 元，税款 8 500 元，商品已验收入库，货款已付。

2）2 月份产品销售收入（含税）82 400 元，货款尚未收到。

3）3 月份受外单位委托代为加工产品一批，收取加工费（含税）15 450 元，以银行存款结算。

4）4 月份申报缴纳第一季度增值税。

请进行账务处理。

2.7.3 小规模纳税人免征增值税的会计核算

1. 小型微利企业（以下简称“小微企业”）免税规定

1）增值税小规模纳税人，月销售额不超过3万元，免征增值税。其中，以1个季度为纳税期限的增值税小规模纳税人，季度销售额不超过9万元的，免征增值税。

2）增值税小规模纳税人兼营“营改增”应税服务的，应当分别核算“营改增”应税服务的销售额，月销售额不超过3万元（按季纳税9万元）的，免征增值税。

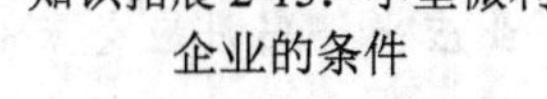

知识拓展2-15：小型微利企业的条件

2. 小规模纳税人免征增值税的会计核算

小微企业在取得销售收入时，应当按照税法的规定计算应交增值税，并确认为应交税费，在达到规定的免征增值税条件时，将有关应交增值税转入当期营业外收入。

即小规模纳税人平时取得销售收入按正常进行会计核算：

借：银行存款/应收账款

　　贷：主营业务收入

　　　　应交税费——应交增值税

在达到规定的免征增值税条件时：

借：应交税费——应交增值税

　　贷：营业外收入

知识拓展2-16：增值税的申报

要点回顾

1）增值税是对在我国境内销售货物、提供加工修理修配劳务（以下简称提供应税劳务），销售服务、无形资产及不动产（以下简称发生应税行为），以及进口货物的企业、单位和个人，就其销售货物、提供应税劳务、发生应税行为的增值额和货物进口金额为计税依据而课征的一种流转税。凡在我国境内销售货物、劳务、服务、无形资产或者不动产，以及进口货物，都属增值税的征税范围。为了便于增值税的征收管理并简化计税，根据纳税人经营规模及会计核算是否健全，将增值税纳税人划分为小规模纳税人和一般纳税人。

2）增值税的税率：基本税率（17%）、低税率（11%、6%）和零税率。除部分不动产销售和租赁行为的征收率为5%以外，小规模纳税人发生的应税行为，以及一般纳税人发生特定应税行为，增值税征收率为3%。

3）增值税纳税义务的确认：销售货物、劳务、服务、无形资产或者不动产为收讫销售款项或者取得索取销售款项凭据的当天，按销售结算方式的不同，具体做了相应的规定；先开具发票的，纳税义务发生时间为开具发票的当天；进口货物的，为报关进口的当天。增值税扣缴义务发生时间为纳税人增值税纳税义务发生的当天。

4）增值税专用发票是一般纳税人销售货物、劳务、服务、无形资产和不动产开具的发票，是购货方支付增值税额并可按照增值税有关规定据以抵扣增值税进项税额的凭证。一般纳税人应通过防伪税控系统使用专用发票。使用包括领购、开具、缴销、认证纸质专用发票及其相应的数据电文。

5）纳税人销售货物或者提供应税劳务和应税服务，按照销售额或提供应税劳务和应税服务收入与规定的税率计算并向购货方收取的增值税税额，称为销项税额。销项税额的计算公式：销项税额＝销售额×适用税率。一般纳税人应在“应交税费”账户下设置“应交增值税”“未交增值税”等明细账户。

6）纳税人购进货物、加工修理修配劳务、无形资产或者不动产，支付或者所负担的增值税额，称为进项税额。进项税额实际上是购货方通过销货方向政府支付的税额，对购货方来说是进项税额，对销货方来说，则是在价外收取的销项税额。

7）一般纳税人销售货物或者提供应税劳务和应税服务适用一般计税方法计税。其计算公式是：当期应纳增值税税额＝当期销项税额－当期进项税额。月度终了，企业应当将当月应交未交或多交的增值税自“应交增值税”明细账户转入“未交增值税”明细账户。对于当月应交未交的增值税，借记“应交税费——应交增值税（转出未交增值税）”账户，贷记“应交税费——未交增值税”账户；对于当月多交的增值税，借记“应交税费——未交增值税”账户，贷记“应交税费——应交增值税（转出多交增值税）”账户。

8）小规模纳税人应交增值税，实行简易办法计算应纳税额，以不含税销售额乘以规定的增值税征收率（3%），不得抵扣进项税额。小规模纳税企业只需在“应交税费”账户下设置“应交增值税”明细分类账户进行核算，不需要在“应交增值税”明细分类账户中设置专栏。小微企业在取得销售收入时，应当按照税法的规定计算应交增值税，并确认为应交税费，在达到规定的免征增值税条件时，将有关应交增值税转入当期营业外收入。

能力训练

一、单项选择题

1. （　　）属于视同销售货物，应计算增值税销项税额。
   A. 某生产企业外购钢材用于扩建厂房
   B. 某厂家委托商店代销家具
   C. 某运输企业外购棉大衣用于职工福利
   D. 某歌厅购进一批饮料用于销售
2. 企业外购的货物，可以作进项税额抵扣的是（　　）。
   A. 外购的固定资产用于企业非增值税应税项目
   B. 外购的床单用于职工福利
   C. 外购的礼品无偿赠送给客户
   D. 外购粮食分给职工个人

3. 纳税人采取分期收款方式销售货物，其增值税纳税义务发生时间为（　　）。

A. 收到第一笔货款的当天　　B. 收到最后一笔货款的当天

C. 发出商品的当天　　D. 合同约定的收款日期当天

4. 以下关于增值税纳税地点的表述错误的是（　　）。

A. 固定业户在其机构所在地

B. 非固定业户在其居住所在地

C. 进口货物向报关地海关申报纳税

D. 总机构分支机构不在同一县（市）的，分别向各自所在地主管税务机关申报纳税

5. 增值税一般纳税人申请抵扣防伪税控系统开具的增值税专用发票，必须自该专用发票（　　）起180日内到税务机关认证，否则不予抵扣进项税额。

A. 开具之日　　B. 收到之日　　C. 开具之月末　　D. 收到之月末

6. 按月纳税的情况下，月末"应交税费——应交增值税"账户出现贷方余额，应（　　）。

A. 不做转出处理

B. 借记"应交税费——未交增值税"账户

C. 贷记"应交税费——未交增值税"账户

D. 贷记"应交税费——已交增值税"账户

二、多项选择题

1. 不能认定为增值税一般纳税人的有（　　）。

A. 个体经营者

B. 合伙企业

C. 非企业性单位

D. 偶然发生销售行为但销售额很高的单位

2. 企业在进行有关生产经营活动时，能够抵扣进项税额的是（　　）。

A. 购进原材料所发生的运费

B. 从农民手中购进免税农产品而支付的买价

C. 委托汽修厂修理送货用机动车玻璃而支付的修理费

D. 为进行企业宣传，特地委托加工一批免费发放小礼品而支付的加工费

3. 符合增值税专用发票开具时限规定的有（　　）。

A. 采用预收货款结算方式的，为发出货物的当天

B. 将货物交付他人代销的，为收到代销清单的当天

C. 采用赊销方式的，为合同约定的收款日期的当天

D. 将货物作为投资提供给其他单位的，为投资协议签订的当天

4. 纳税人销售货物或提供应税劳务向购货方收取的价外费用应并入销售额计算纳税，但价外费用不包括（　　）。

A. 向购货方收取的销项税额

B. 受托加工应征消费税的消费品所代收代缴的消费税

C. 向购货方收取的手续费

D. 承运部门将运费发票开具给纳税人，由纳税人另开具发票向购货方收取的代垫运费

5. 一般纳税人发生的下列项目中，应将其已申报抵扣的进项税额从发生期进项税额中抵减出来的有（　　）。

A. 在产品、产成品发生非正常损失　　B. 将自制货物用于本单位在建工程

C. 将自产的货物用于个人消费　　D. 将购进的货物用于集体福利设施

三、判断题

1. 一项销售行为如果既涉及服务又涉及货物，称为兼营行为。（　　）

2. 凡增值税一般纳税人，不论当期是否发生应税行为，均应按按月进行纳税申报，申报期为次月1日起至15日止，遇最后一日为法定节假日的，顺延一日；在每月1日至15日内有连续三日以上法定休假日的，按休假日天数顺延。（　　）

3. 增值税3%的征收率，仅适用于小规模纳税人，不适用于一般纳税人。（　　）

4. 增值税一般纳税人销售货物从购货方收取的价外费用，在征税时，应视为含税收入，计算税额时应换算为不含税收入。（　　）

5. 纳税人取得贷款、餐饮、居民日常和娱乐服务，取得的增值税专用发票上注明的增值税额为进项税额，准予从销项税额中抵扣。（　　）

四、业务核算题

1. 龙星公司（一般纳税人）2016年12月发生以下经济业务：

1）购入免税农产品一批，价款80 000元，规定的扣除率为13%，运输专用发票注明运费1 000元，货物已验收入库，货款已用银行存款支付。

2）购入不需要安装设备一台，价款及运输保险等费用合计100 000元，增值税税率为17%，运输专用发票注明运费3 000元，款项已支付。

3）企业9月份销售一批商品给乙公司，开出的增值税专用发票上注明的售价为100 000元，增值税税额为17 000元。该批商品的成本为70 000元。货到后乙公司发现商品质量不合格，要求在价格上给予5%的折让。乙公司提出的销售折让要求符合原合同的约定，企业同意并办妥了相关手续，于12月20日开具了增值税专用发票（红字），并已支付折让款。假定9月份企业已经确认该批商品的销售收入并结转了销售成本，销售款项已收到。发生的销售折让允许扣减12月份的增值税销项税额。

4）12月份销售商品300 000元，并已都开具增值税专用发票，款项均已收到。

要求：计算龙星公司12月份应交的增值税并编制该月经济业务的会计分录。

2. 星星公司（小规模纳税人）发生以下经济业务：

1）2016年12月购入材料一批，取得的普通发票中注明货款11 700元（含税），款项以银行存款支付，材料已验收入库。

2）2016年12月销售产品一批，所开出的普通发票中注明的货款（含税）为30 900

元，增值税征收率为 3%，款项已存入银行。

3）企业次年 1 月 12 日以银行存款上交上述的增值税。

要求：编制相关经济业务的会计分录。

第3章　消费税会计

【目的要求】

1. 掌握消费税的概念；

2. 理解消费税的纳税人和纳税范围，消费税的税目和税率，消费税纳税义务的确认；

3. 掌握销售应税消费品、委托加工应税消费品应纳税额的计算及会计核算；

4. 了解自产自用应税消费品、进口应税消费品应纳税额的计算及会计核算。

【重点难点】

1. 销售应税消费品、委托加工应税消费品应纳税额的计算及会计核算；

2. 自产自用应税消费品、进口应税消费品应纳税额的计算及会计核算。

3.1　消费税概述

3.1.1　消费税的概念与特点

1. 消费税的概念

消费税是对在我国境内从事生产、委托加工和进口应税消费品的单位和个人，就其销售额或销售数量，在特定环节征收的一种税。简单地说，消费税是对特定消费品和消费行为征收的一种税。

现行消费税法的基本规范，是2008年11月5日经国务院第三十四次常务会议修订通过并颁布，自2009年1月1日起施行的《中华人民共和国消费税暂行条例》（以下简称《消费税暂行条例》），以及2008年12月15日财政部、国家税务总局第51号令颁布的《中华人民共和国消费税暂行条例实施细则》（以下简称《消费税暂行条例实施细则》）。

我国消费税是在增值税普遍调节的基础上，体现国家对某些特定产品进行特殊调节而设立的税种，它与增值税相配合，形成双层次调节。开征消费税是为了调节产品结构，引导消费方向，保证国家财政收入。

2. 消费税的特点

（1）征收范围具有选择性

开征消费税是为了发挥其特殊的调节作用。在我国，应税消费品采取列举品目的方式课征，课征范围具有选择性。

（2）征收环节具有单一性

为了避免重复征税的现象，在我国，消费税总体上实行单一环节征税，除金银首饰在零售环节、超豪华小汽车新增零售环节及卷烟新增批发环节征收外，其他的应税消费品只选择在生产、委托加工和进口环节征收消费税。

（3）征收方法具有灵活性

为了适应不同应税消费品的情况，在征收方法上，对一部分价格差异较大便于按价格核算的应税消费品，依消费品的价格实行从价定率征收；对一部分价格差异较小，品种、规格比较单一的大宗应税消费品，依消费品的数量实行从量定额征收；对一些特殊的应税消费品还采用了从量定额和从价定率相结合计算应纳税额的复合计税征收方法。

（4）平均税率水平较高且税负差异较大

消费税的平均税率水平一般定得比较高，并且不同的征税项目的税负差异较大，对需要限制或控制消费的消费品，通常税负较重。

3.1.2 消费税的纳税人和纳税范围

1. 消费税的纳税人

消费税的纳税人是在中华人民共和国境内生产、委托加工、进口应税消费品的单位和个人。这就是说，纳税人必须是在我国境内从事生产、委托加工和进口应税消费品；纳税人从事的活动必须涉及《消费税暂行条例》规定的应税消费品，两者缺一不可。“单位”是指企业、行政单位、事业单位、军事单位、社会团体及其他单位；“个人”是指个体工商户及其他个人。

2. 消费税的纳税范围

消费税的纳税范围主要是根据我国目前的经济发展水平、国家的消费政策和产业政策、人民群众的消费水平和消费结构，以及财政需要，并借鉴国外的成功经验和通行做法所确定的产品。

根据《消费税暂行条例》和《消费税暂行条例实施细则》，现有 15 个税目，具体归纳为 6 个类别。

1）过度消费会对人类健康、社会秩序、生态环境等方面造成危害的特殊消费品，如烟、酒、鞭炮、焰火等。

2）奢侈品、非生活必需品，如化妆品、贵重首饰及珠宝玉石等。

3）高能耗及高档消费品，如摩托车、小汽车、高档手表、游艇等。

4）不可再生和替代的石油类消费品，如汽油、柴油等。

5）具有一定财政意义的产品，如高档化妆品、电池、涂料等。

6）有利于增进环保意义、引导消费、节约资源的产品，如一次性筷子、实木地板等。

消费税的征税范围不是一成不变的，随着我国经济的发展，今后还可以根据国家的政策和经济情况及消费结构的变化适当调整。

3.1.3 消费税的税目和税率

消费税共设置 15 个税目、若干个子目，征税主旨明确，课税对象清晰。消费税税目和税率表（表 3-1）。

表 3-1　消费税税目和税率表

税　目	税　率
一、烟	
1. 卷烟	
(1) 甲类卷烟［调拨价 70 元（不含增值税）/条以上（含 70 元）］	56%加 0.003 元/支
(2) 乙类卷烟［调拨价 70 元（不含增值税）/条以下］	36%加 0.003 元/支
(3) 批发环节	11%加 0.005 元/支
2. 雪茄烟	36%
3. 烟丝	30%
二、酒及酒精	
1. 白酒	20%加 0.5 元/500 克（或 500 毫升）
2. 黄酒	240 元/吨
3. 啤酒	
(1) 甲类啤酒	250 元/吨
(2) 乙类啤酒	220 元/吨
4. 其他酒	10%
5. 酒精	5%
三、化妆品	30%
四、贵重首饰及珠宝玉石	
1. 金银首饰、铂金首饰和钻石及钻石饰品	5%
2. 其他贵重首饰和珠宝玉石	10%
五、鞭炮、焰火	15%
六、成品油	
1. 汽油	
(1) 含铅汽油	1.52 元/升
(2) 无铅汽油	1.52 元/升
2. 柴油	1.20 元/升
3. 航空煤油	1.20 元/升
4. 石脑油	1.52 元/升
5. 溶剂油	1.52 元/升
6. 润滑油	1.52 元/升
7. 燃料油	1.20 元/升
七、摩托车	
1. 气缸容量（排气量，下同）在 250 毫升（含 250 毫升）以下的	3%
2. 气缸容量在 250 毫升以上的	10%
八、小汽车	
1. 乘用车	
(1) 气缸容量（排气量，下同）在 1.0 升（含 1.0 升）以下的	1%
(2) 气缸容量在 1.0 升以上至 1.5 升（含 1.5 升）的	3%
(3) 气缸容量在 1.5 升以上至 2.0 升（含 2.0 升）的	5%
(4) 气缸容量在 2.0 升以上至 2.5 升（含 2.5 升）的	9%
(5) 气缸容量在 2.5 升以上至 3.0 升（含 3.0 升）的	12%
(6) 气缸容量在 3.0 升以上至 4.0 升（含 4.0 升）的	25%
(7) 气缸容量在 4．0 升以上的中轻型商用客车	40%
2. 中轻型商用客车	5%
3. 超豪华小汽车	在生产（进口环节）按现行税率征收消费税的基础上（子税目 1 和 2），在零售环节按 10%税率加征消费税
九、高尔夫球及球具	10%

续表

税 目	税 率
十、高档手表	20%
十一、游艇	10%
十二、木制一次性筷子	5%
十三、实木地板	5%
十四、铅蓄电池 无汞原电池、金属氢化物镍蓄电池、锂原电池、锂离子蓄电池、太阳能电池、燃料电池和全钒液流电池	4%（2016年1月1日起实施） 免征
十五、涂料 施工状态下挥发性有机物（volatile organic compounds，VOC）含量低于420克/升（含）	4% 免征

根据不同消费品的种类、档次、结构、功能或消费品中某一成分含量，以及市场供求状况、消费价格水平等情况，消费税制定了高低不同的从价比例税率、从量定额税率和复合计税三种形式。

知识拓展3-1：消费税税率相关具体规定

知识拓展3-2：电动汽车不属于“小汽车”税目征收范围

3.1.4 消费税的计税依据和计税方法

按照现行消费税法的基本规定，消费税应纳税额的计算主要分为从价定率计征、从量定额计征和从价从量复合计征三种方法。实行从价定率计征办法的应税消费品，其计税依据是含消费税，不含增值税的销售额（自然数量与单位价格的乘积）；实行从量定额计征办法的应税消费品，其计税依据是其销售数量（重量、体积、面积等）。

具体计税方法如下。

1. 从价定率计征

采用从价定率计算方法时，应纳税额等于应税消费品的销售额乘以适用税率，应纳税额的多少取决于应税消费品的销售额和适用税率两个因素。其计算公式为

应纳税额＝应税消费品销售额×适用税率 （3-1）

2. 从量定额计征

采用从量定额计算方法时，应纳税额等于应税消费品的销售数量乘以单位税额，应纳税额的多少取决于应税消费品的销售数量和单位税额两个因素。其计算公式为

应纳税额＝应税消费品销售数量×定额税率 （3-2）

3. 从价从量复合计征

现行消费税的征税范围中，只有卷烟、白酒采用复合计征方法。应纳税额等于应税销售数量乘以定额税率再加上应税销售额乘以比例税率。其计算公式为

$$应纳税额=销售额\times比例税率+销售数量\times定额税率 \tag{3-3}$$

做一做 3-1

在现行消费税的征税范围中，除卷烟、粮食白酒、薯类白酒之外，其他一律不得采用从价定率和从量定额相结合的复合计征方法。

3.2 消费税的计算与会计核算

3.2.1 确定销售额

在从价定率计算方法下，应纳税额的多少取决于应税消费品的销售额和适用税率两个因素。

1. 销售额的确定

1）应税产品销售额为纳税人销售应税消费品向购货方收取的全部价款和价外费用（其含义及包括内容与增值税相同），但不包括应向购货方收取的增值税税款。以外汇结算销售额的，其销售额以结算当日或当月 1 日的外汇牌价（中间价）折合人民币计算。一旦确定，一年内不得变更。

知识拓展 3-3：价外费用

2）应税消费品连同包装物销售的，无论包装物是否单独计价，也不论在会计上如何核算，均应并入应税消费品的销售额中缴纳消费税。如果包装物不作价随同产品销售，而是收取押金，此项押金则不应并入应税消费品的销售额中征税。但对因逾期未收回的包装物不再退还的或已收取的时间超过 12 个月的押金，应并入应税消费品的销售额，按照应税消费品的适用税率缴纳消费税。

3）对既作价随同应税消费品销售，又另外收取押金的包装物的押金，凡纳税人在规定的期限内没有退还的，均应并入应税消费品的销售额，按照应税消费品的适用税率缴纳消费税。

4）纳税人以外购已税烟丝生产的卷烟、已税化妆品生产的化妆品、已税护肤护发品生产的护肤护发品、已税珠宝玉石生产的贵重首饰及珠宝玉石、已税鞭炮生产的鞭炮焰火，在计算应缴消费税时，为了避免重复纳税，可以扣除外购已税消费品买价，再以其余额计缴消费税。

2. 含增值税销售额的换算

应税消费品在缴纳消费税的同时，与一般货物一样，还应缴纳增值税。按照《消费税暂行条例实施细则》的规定，应税消费品的销售额，不包括应向购货方收取的增值税税款。如果纳税人应税消费品的销售额中未扣除增值税税款或者因不得开具增值税专用发票而发生价款和增值税税款合并收取的，在计算消费税时，应将含增值税的销售额换算为不含增值税税款的销售额。其换算公式为

应税消费品的销售额＝含增值税的销售额÷（1＋增值税税率或征收率） （3-4）

做一做 3-2

雅芳高档化妆品生产企业（一般纳税人）2017 年 3 月 15 日向某大型商场销售高档化妆品一批，开具增值税专用发票，取得不含增值税销售额 50 万元，增值税额 8.5 万元；3 月 20 日向某单位销售高档化妆品一批，开具普通发票，取得含增值税销售额 4.68 万元。请计算该高档化妆品生产企业上述业务应缴纳的消费税税额。

3.2.2 确定销售量

1. 销售量的确定

实行从量定额征税的应税消费品，其计税依据是销售应税消费品的实际销售数量。销售数量是指应税消费品的数量。其含义包括：

1）销售应税消费品的，为应税消费品的实际销售量。

2）自产自用应税消费品的，为应税消费品的移送使用量。

3）委托加工应税消费品的，为纳税人收回的应税消费品量。

4）进口的应税消费品，为海关核定的应税消费品进口征税量。

根据我国现行税法，消费税中只有黄酒、啤酒、汽油、柴油四种产品以销售数量作为计税依据。

2. 吨与升两个计量单位的换算

在从量定额计税时，黄酒、啤酒是以吨为税额单位，汽油、柴油是以升为税额单位。为了规范不同产品的计量单位，准确计算应纳税额，税法对吨与升两个计量单位的换算标准规定如表 3-2 所示。

表 3-2 吨、升换算表

品名	换算标准	品名	换算标准
黄酒	1 吨=962 升	溶剂油	1 吨=1 282 升
啤酒	1 吨=988 升	润滑油	1 吨=1 126 升
汽油	1 吨=1 388 升	燃料油	1 吨=1 015 升
柴油	1 吨=1 176 升	航空煤油	1 吨=1 246 升
石脑油	1 吨=1 385 升		

3.2.3 应纳消费税的计算及会计核算

1. 会计账户的设置

纳税人应在“应交税费”账户下设置“应交消费税”明细账户进行会计核算。该明细账户采用三栏式账户记账，贷方核算企业按规定应缴纳的消费税，借方核算企业实际缴纳的消费税或待扣的消费税；期末贷方余额表示尚未缴纳的消费税，借方余额表示企业多交的消费税。

知识拓展 3-4：“税金及附加”账户

因消费税是价内税，企业销售应税消费品的售价包含消费税（但不包含增值税），所以，企业缴纳的消费税应记入“税金及附加”账户，由销售收入补偿。

2. 销售应税消费品应纳税额的计算及会计核算

消费税实行从价定率、从量定额，或者从价定率和从量定额复合计税（以下简称复合计税）的办法计算应纳税额。应纳税额计算公式为

实行从价定率办法计算的应纳税额＝应纳消费税的销售额×比例税率　　（3-5）

实行从量定额办法计算的应纳税额＝应纳消费税销售数量×定额税率　　（3-6）

实行复合计税办法计算的应纳税额＝应税销售额×比例税率＋应税消费品销售数量×定额税率　　（3-7）

纳税人销售的应税消费品，以人民币计算销售额。纳税人以人民币以外的货币结算销售额的，应当折合成人民币计算。

【例 3-1】大华酒厂销售黄酒 120 吨，每吨 1 000 元，收到增值税 20 400 元；该酒厂门市部直接向外零售 40 吨，每吨 1 700 元（含税），此外企业发给职工每人 25 千克，全厂职工共 200 人。计算该企业本月应纳消费税税额。

应纳税额＝销售数量×单位税额＝（120＋40＋0.025×200）×240＝39 600（元）

【例 3-2】双喜烟厂出售卷烟 20 个标准箱（适用税率 56%，适用税额为每箱 150 元），每标准条调拨价格 70 元；共计 350 000 元，烟丝 45 000 元，不退包装物，采用托收承付结算方才货已发出并办好托收手续。计算应纳消费税税额并编制会计分录。

应纳税额＝20×150＋350 000×56%＋45 000×30%＝212 500（元）

（1）销售实现时

借：税金及附加　　212 500

　　贷：应交税费——应交消费税　　212 500

附原始凭证 1 张：税费计算表（略）。

（2）实际缴纳消费税时

借：应交税费——应交消费税　　212 500

　　贷：银行存款　　212 500

附原始凭证 1 张：电子缴税系统回单（图 3-1）。

广州市电子缴税系统回单

纳税人名称：广州市双喜烟厂　　　　纳税人编号：440703246268022

付款人名称	广州市双喜烟厂	收款人名称	广州市地方税务局
付款人账号	71682674052	收款人账号	71682165072
付款人开户行	中国建设银行广州白云支行	收款人开户行	国家金库广州支库
款项内容	代扣（地税）税款	电子税票号	013262872
税种	所属期	纳税金额	备注
消费税	2016.10.01～2016.10.31	212 500	中国建设银行股份有限公司 广州白云支行 2016.11.15 办讫章 (2)
合计	—	¥212 500	
人民币（大写）	贰拾壹万贰仟伍佰元整		

经办：　　　　复核：　　　　打印日期：2016.11.15

图 3-1　电子缴税系统回单

【例 3-3】双喜烟厂购买已税烟丝 2 000 千克，每千克 30 元，未扣增值税。加工成卷烟 200 个标准箱，每标准箱调拨价格 7 500 元，全部售出。计算应纳消费税税额并编制会计分录。

$$\text{烟丝不含增值税销售额}=\frac{2\,000\times30}{1+17\%}=51\,282\text{（元）}$$

卷烟应纳消费税额＝200×150＋200×7 500×56%－51 282×30%＝854 615.40（元）

借：税金及附加　　854 615.40

　　贷：应交税费——应交消费税　　854 615.40

附原始凭证 1 张：税费计算表（略）。

3. 自产自用应税消费品应纳税额的计算及会计核算

所谓自产自用，就是纳税人生产应税消费品后，不是用于直接对外销售，而是用于连续生产应税消费品或用于其他方面。这种自产自用应税消费品的形式，在实际经济活动中是很常见的，但也是在是否纳税或如何纳税上最容易出现问题的。例如，有的企业把自己生产的应税消费品，以福利或奖励等形式发给本厂职工，以为不是对外销售，不必计入销售额，无须纳税，这样就出现了漏缴税款的现象。因此，很有必要认真理解税法对自产自用应税消费品的有关规定。

（1）用于连续生产应税消费品

纳税人若是用于连续生产应税消费品的，根据税不重征的原则，不纳消费税。

（2）用于其他方面应税消费品

纳税人若是用于其他方面，应于移送时缴纳消费税。“用于其他方面”是指纳税人用于生产非应税消费品和在建工程，以及用于馈赠、广告、样品、职工福利、奖励等方面的应税消费品。

（3）组成计税价格及税额的计算

纳税人自产自用的应税消费品，按照纳税人生产的同类消费品的销售价格计算纳税；没有同类消费品销售价格的，按照组成计税价格计算纳税。

“同类消费品的销售价格”是指纳税人或者代收代缴义务人当月销售的同类消费品的销售价格，如果当月同类消费品各期销售价格高低不同，应按销售数量加权平均计算。但销售的应税消费品有下列情况之一的，不得列入加权平均计算：①销售价格明显偏低并无正当理由的；②无销售价格的。

如果当月无销售或者当月未完结，应按照同类消费品上月或者最近月份的销售价格计算纳税。没有同类消费品销售价格的，按照组成计税价格计算纳税。组成计税价格计算公式为

1）实行从价定率办法计算纳税的组成计税价格计算公式为

组成计税价格＝（成本＋利润）÷（1－比例税率）　　（3-8）

2）实行复合计税办法计算纳税的组成计税价格计算公式为

组成计税价格＝（成本＋利润＋自产自用数量×定额税率）÷（1－比例税率）（3-9）

式中，成本是应税消费品的产品生产成本；利润是按应税消费品的全国平均成本利润率计算的利润。

（4）应税消费品全国平均成本利润率

1993 年 12 月 28 日与 2006 年 3 月 21 日，国家税务总局颁发的《消费税若干具体问题的规定》，确定应税消费品全国平均成本利润率如表 3-3 所示。

表 3-3　平均成本利润率

货物名称	利润率/%	货物名称	利润率/%
甲类卷烟	10	贵重首饰及珠宝玉石	6
乙类卷烟	5	摩托车、越野汽车	6
雪茄	5	高尔夫球及球具	10
烟丝	5	高档手表	20
粮食白酒	10	游艇	10
薯类白酒	5	木制一次性筷子	5
其他酒	5	实木地板	5
化妆品	5	乘用车	8
鞭炮、焰火	5	中轻型商用客车	5

（5）会计账户的设置

按自用产品的销售价格或组成计税价格计算应交消费税时，则借记“在建工程”“营业外支出”“销售费用”等账户（不通过“税金及附加”账户），贷记“应交税费——应交消费税”账户。

【例 3-4】长安汽车制造厂将自产乘用车（汽缸容量 2.0 升）一辆用于在建工程，该种汽车对外销售价格 180 000 元，该汽车成本 150 000 元，消费税率 5%，计算应纳消费

税额、增值税额及编制会计分录如下：

应纳消费税税额＝180 000×5%=9 000（元）

应纳增值税税额＝180 000×17%=30 600（元）

（1）领用自产乘用车时

借：在建工程　　140 600

　　贷：库存商品　　110 000

　　　　应交税费——应交增值税（销项税额）　　30 600

附原始凭证：1 张，出库单（略）。

（2）计提消费税

借：在建工程　　9 000

　　贷：应交税费——应交消费税　　9 000

附原始凭证 1 张：税费计算表（略）。

【例 3-5】如果该自用车没有同类消费品的销售价格，计算应纳消费税额、增值税额。

$$消费税组成计税价格=\frac{150000\times(1+8\%)}{1-5\%}=170\ 526（元）$$

应交消费税税额＝170 526×5%＝8 526（元）

增值税组成计税价格＝150 000×（1＋8%）＋8 526＝170 526（元）

应交增值税税额＝170 526×17%＝28 989（元）

4. 委托加工应税消费品应纳税额的计算及会计核算

（1）委托加工应税消费品应纳税额的计算

委托加工应税消费品是指由委托方提供原料或主要材料，受托方只收取加工费和代垫部分辅助材料进行加工的应税消费品。对于委托加工行为，受托方必须严格履行代收代缴义务。

委托加工的应税消费品，按照受托方的同类消费品的销售价格计算纳税；同类消费品的销售价格是指受托方（即代收代缴义务人）当月销售的同类消费品的销售价格，如果当月同类消费品各期销售价格高低不同，应按销售数量加权平均计算。但销售的应税消费品有下列情况之一的，不得列入加权平均计算：①销售价格明显偏低又无正当理由的；②无销售价格的。

如果当月无销售或者当月未完结，应按照同类消费品上月或最近月份的销售价格计算纳税。

没有同类消费品销售价格的，按照组成计税价格计算纳税。

1）实行从价定率办法计算纳税的组成计税价格计算公式为

组成计税价格＝（材料成本＋加工费）÷（1－比例税率）　　（3-10）

2）实行复合计税办法计算纳税的组成计税价格计算公式为

组成计税价格＝（材料成本＋加工费＋委托加工数量×定额税率）

＋（1－比例税率）　　（3-11）

组成计税价格中的“材料成本”，是指委托方所提供加工的材料实际成本。“加工费”

是受托方加工应税消费品向委托方收取的全部费用（包括代垫的辅助材料实际成本）。

委托加工产品应纳税额的计算公式为

应纳消费税税额＝按受托方同类消费品的销售价格计算的销售额×消费税税率
＝销售额×单位消费税税额
＝组成计税价格×消费税税率　　(3-12)

（2）委托加工应税消费品收回后直接用于销售的会计核算

委托加工的应税消费品收回后直接用于销售的，在销售时不再缴纳消费税。因此，委托方应将受托方代收代缴的消费税随同应支付的加工费一并计入委托加工的应税消费品成本。

【例 3-6】双喜卷烟厂委托东方加工厂加工烟丝，卷烟厂和东方加工厂均为一般纳税人。卷烟厂提供烟叶 55 000 元，东方加工厂收取加工费 20 000 元，增值税 3 400 元。该卷烟厂的账务处理如下：

（1）发出材料时

借：委托加工物资　　55 000
　　贷：原材料　　55 000

附原始凭证 1 张：出库单（略）。

（2）支付加工费时

借：委托加工物资　　20 000
　　应交税费——应交增值税（进项税额）　　3 400
　　贷：银行存款　　23 400

附原始凭证 1 张：增值税专用发票（略）。

（3）支付代扣代缴消费税时

代扣代缴消费税税额＝（55 000＋20 000）÷（1－30%）×30%＝32 143（元）

借：委托加工物资　　32 143
　　贷：银行存款　　32 143

附原始凭证 1 张：支票（略）。

（4）加工烟丝入库时

借：库存商品　　107 143
　　贷：委托加工物资　　107 143

附原始凭证 1 张：入库单（略）。

产品销售时，不再缴纳消费税。

（3）委托方收回后连续生产应税消费品时

收回后连续生产应税消费品时，已纳消费税款准予抵扣。计算公式为

当期准予扣除的委托加工应税消费品已纳税款
＝期初库存的委托加工应税消费品已纳税款＋当期收回的委托加工应税消费品已纳税款
－期末库存的委托加工应税消费品已纳税款　　(3-13)

【例 3-7】承例 3-6，假定委托加工后的烟丝，尚需再加工成卷烟，则做会计分录

如下：

（1）发出材料、支付加工费时

会计分录同前。

（2）支付代扣消费税时

借：待扣税金——待扣消费税　　32 143

　　贷：银行存款　　32 143

（3）加工烟丝入库时

借：库存商品　　75 000

　　贷：委托加工物资　　75 000

【例 3-8】承例 3-7，上述加工烟丝经过再加工后为卷烟对外销售。假设当月销售 3 个标准箱，每标准条调拨价格 70 元，期初库存委托加工应税烟丝已纳消费税 2 580 元，期末库存委托加工应税烟丝已纳税额 19 880 元。该卷烟厂的账务处理如下：

（1）取得收入时

主营业务收入＝250×70×3＝52 500（元）

借：银行存款　　61 425

　　贷：主营业务收入　　52 500

　　　　应交税费——应交增值税（销项税额）　　8 925

附原始凭证 2 张：增值税专用发票和银行进账单（略）。

（2）计提消费税时

应纳消费税税额＝150×3＋52 500×56%＝29 850（元）

借：税金及附加　　29 850

　　贷：应交税费——应交消费税　　29 850

附原始凭证 1 张：税费计算表（略）。

（3）准予抵扣消费税时

当月准予抵扣的消费税税额＝2 580＋32 143－19 880＝14 843（元）

借：应交税费——应交消费税　　14 843

　　贷：待扣税金——待扣消费税　　14 843

（4）当月实际上缴消费税时

借：应交税费——应交消费税　　15 007

　　贷：银行存款　　15 007

【例 3-9】承例 3-6，受托方东方加工厂可按本企业同类消费品的销售价格计算代收代缴消费税；若没有同类消费品销售价格的，按照组成计税价格计算，税率为 30%。该加工厂账务处理如下：

组成计税价格＝（55 000＋20 000）÷（1－30%）＝107 143（元）

应纳消费税税额＝107 143×30%＝32 143（元）

（1）收加工费时

借：银行存款　　23 400

　　贷：主营业务收入　　20 000

应交税费——应交增值税（销项税额）　　3 400

附原始凭证 2 张：增值税专用发票和银行进账单（略）。

（2）收取代扣代缴消费税时

借：银行存款　　32 143

贷：应交税费——应代交消费税　　32 143

附原始凭证：1 张，银行进账单（略）。

（3）上缴代扣税金时

借：应交税费——应代交消费税　　32 143

贷：银行存款　　32 143

附原始凭证 1 张：缴税凭证（图 3-2）。

广州市电子缴税系统回单

纳税人名称：广州市东方加工厂　　纳税人编号：440703256268026

付款人名称	广州市东方加工厂	收款人名称	广州市地方税务局
付款人账号	71682674052	收款人账号	71682265075
付款人开户行	中国工商银行广州萝岗支行	收款人开户行	国家金库广州支库
款项内容	代扣（地税）税款	电子税票号	013262879
税种	所属期	纳税金额	备注
消费税	2016.10.01～2016.10.31	32 143	中国工商银行股份有限公司 广州萝岗支行 2016.11.19 办讫章 (2)
合计	—	¥32 143	
人民币（大写）	叁万贰仟壹佰肆拾叁元整		

经办：　　复核：　　打印日期：2016.11.19

图 3-2　广州市电子缴税系统回单

5. 进口应税消费品应纳税额的计算及会计核算

进口的应税消费品，于报关进口时缴纳消费税，并由海关代征。进口的应税消费品，按照组成计税价格计算纳税。

实行从价定率办法计算纳税的组成计税价格计算公式：

$$\text{组成计税价格}=(\text{关税完税价格}+\text{关税})\div(1-\text{消费税比例税率}) \tag{3-14}$$

实行复合计税办法计算纳税的组成计税价格计算公式：

$$\text{组成计税价格}=\frac{\text{关税完税价格}+\text{关税}+\text{进口数量}\times\text{消费税定额税率}}{1-\text{消费税比例税率}} \tag{3-15}$$

关税完税价格是指海关核定的关税计税价格。进口环节消费税，除国务院另有规定者外，一律不得给予减税、免税。

进口应税消费品时，进口单位缴纳的增值税、消费税应计入应税消费品成本中。

【例 3-10】广东美丽贸易有限公司从国外购进化妆品一批，总价 USD40 000（CIF

深圳)。关税税率假定为20%，增值税税率为17%；假定当日汇率为USD100＝CNY660。该公司账务处理如下：

组成计税价格＝（40 000＋40 000×20%）÷（1－30%）×6.6＝445 714（元）

应纳关税＝40 000×20%＝8 000（元）

应纳消费税＝445 714×30%＝133 714（元）

应纳增值税＝445 714×17%＝75 771（元）

借：在途物资 445 714

　　应交税费——应交增值税（进项税额） 75 771

　　贷：应付账款——供货商 264 000

　　　　银行存款 257 485

附原始凭证5张：境外汇款申请书（略）、银行外汇会计凭证（略）、单位外汇交易申请书（略）和汇款手续费凭证2张（略）。

3.2.4 消费税的减免税

对生产销售达到低污染排放限值的小轿车、越野车和小客车减征30%的消费税。计算公式为

减征税额＝按法定税率计算的消费额×30%　　(3-16)

应征税额＝按法定税率计算的消费税额－减征税额　　(3-17)

低污染热电厂放限值是指相当于欧盟指令94/12EC、96/69、EC排放标准（简称欧洲II标准）。

目前，上海通用汽车有限公司生产的别克、赛欧系列小汽车，上海大众汽车有限公司生产的桑塔纳、帕萨特系列小汽车等，都符合规定要求。对上述小汽车准予按应纳税额减征30%消费税。

做一做 3-3

上海大众汽车有限公司为一般纳税人，6月生产并销售小轿车3 000辆，每辆含税销售价格为17.55万元，适用消费税税率为9%，经审查，该企业生产的小轿车已达到减征消费税的国家标准。请计算该企业6月应缴纳的消费税税额。

3.3 消费税的纳税申报

3.3.1 确认消费税纳税义务

1. 消费税的纳税环节

1）纳税人生产的应税消费品，于纳税人销售（有偿转让应税消费品的所有权）时纳税。纳税人自产自用的应税消费品，用于连续生产应税消费品的，不纳税；用于其他

方面的，于移送使用时纳税。

2）委托加工的应税消费品，除受托方为个人外，由受托方在向委托方交货时代收代缴税款。委托加工的应税消费品，委托方用于连续生产应税消费品的，所纳税款准予按规定抵扣。

委托加工的应税消费品直接出售的，不再缴纳消费税。

委托个人加工的应税消费品，由委托方收回后缴纳消费税。

3）进口的应税消费品，于报关进口时纳税。

2. 消费税纳税义务的确认

1）纳税人销售应税消费品的，根据不同销售结算方式确认其纳税义务：

① 采取赊销和分期收款结算方式的，为书面合同约定的收款日期的当天，书面合同没有约定收款日期或者无书面合同的，为发出应税消费品的当天。

② 采取预收货款结算方式的，为发出应税消费品的当天。

③ 采取托收承付和委托银行收款方式的，为发出应税消费品并办妥托收手续的当天。

④ 取其他结算方式的，为收讫销售款或者取得索取销售款凭据的当天。

2）纳税人自产自用应税消费品的，为移送使用的当天。

3）纳税人委托加工应税消费品的，为纳税人提货的当天。

4）纳税人进口应税消费品的，为报关进口的当天。

3.3.2 消费税纳税期限与纳税地点

1. 纳税期限

消费税的纳税期限和税款的缴纳期限，与增值税相同。

2. 纳税地点

1）纳税人销售的应税消费品、自产自用的应税消费品，除国家另有规定者外，均应在纳税人核算地的主管税务机关申报纳税。

2）纳税人到外县（市）销售或者委托外县（市）代销自产应税消费品的，于应税消费品销售后，向机构所在地或者居住地主管税务机关申报纳税。

3）纳税人的总机构与分支机构不在同一县（市）的，应当分别向各自机构所在地的主管税务机关申报纳税；经财政部、国家税务总局或者其授权的财政、税务机关批准，可以由总机构汇总向总机构所在地的主管税务机关申报纳税。

4）委托个人加工的应税消费品，由委托方向其机构所在地或者居住地主管税务机关申报纳税。

5）进口的应税消费品，由进口人或者其代理人向报关地海关申报纳税。

3.3.3 申报消费税

纳税人无论当期有无销售或是否营利，均应在规定时间内填制“消费税申报表”，并向主管税务机关进行纳税申报。图 3-3 和图 3-4 分别为酒类应税消费税纳税申报表和其他应税消费品消费税纳税申报表。

酒类应税消费品消费税纳税申报表

税款所属期： 年 月 日至 年 月 日

纳税人名称（公章）： 纳税人识别号：

填表日期： 年 月 日 金额单位：元（列至角分）

项目 应税消费品名称	适用税率		销售数量	销售额	应纳税额
	定额税率	比例税率			
粮食白酒	0.5 元/斤	20%			
薯类白酒	0.5 元/斤	20%			
啤酒	250 元/吨	—			
啤酒	220 元/吨	—			
黄酒	240 元/吨	—			
其他酒	—	10%			
合计	—	—	—	—	

本期准予抵减税额： 本期减（免）税额： 期初未缴税额：	声明 此纳税申报表是根据国家税收法律的规定填报的，我确定它是真实的、可靠的、完整的。 经办人（签章）： 财务负责人（签章）： 联系电话：
本期缴纳前期应纳税额： 本期预缴税额： 本期应补（退）税额： 期末未缴税额：	（如果你已委托代理人申报，请填写） 授权声明 为代理一切税务事宜，现授权______（地址）______为本纳税人的代理申报人，任何与本申报表有关的往来文件，都可寄予此人。 授权人签章：

以下由税务机关填写

受理人（签章）： 受理日期： 年 月 日 受理税务机关（章）：

图 3-3 酒类应税消费品消费税纳税申报表

其他应税消费品消费税纳税申报表

税款所属期：　　年　月　日至　　年　月　日

纳税人名称（公章）：　　　纳税人识别号：□□□□□□□□□□□□□□□□□□□□

填表日期：　　年　月　日　　　　　　　　　　　　　　　　金额单位：元（列至角分）

<table>
<tr><td>项目
应税消费品名称</td><td>适用税率</td><td>销售数量</td><td>销售额</td><td>应纳税额</td></tr>
<tr><td></td><td></td><td></td><td></td><td></td></tr>
<tr><td></td><td></td><td></td><td></td><td></td></tr>
<tr><td></td><td></td><td></td><td></td><td></td></tr>
<tr><td></td><td></td><td></td><td></td><td></td></tr>
<tr><td>合计</td><td>—</td><td>—</td><td>—</td><td></td></tr>
<tr><td colspan="3">本期准予抵减税额：</td><td colspan="2" rowspan="3">声明
此纳税申报表是根据国家税收法律的规定填报的，我确定它是真实的、可靠的、完整的。
经办人（签章）：
财务负责人（签章）：
联系电话：</td></tr>
<tr><td colspan="3">本期减（免）税额：</td></tr>
<tr><td colspan="3">期初未缴税额：</td></tr>
<tr><td colspan="3">本期缴纳前期应纳税额：</td><td colspan="2" rowspan="4">（如果你已委托代理人申报，请填写）
授权声明
为代理一切税务事宜，现授权＿＿＿＿（地址）＿＿＿＿为本纳税人的代理申报人，任何与本申报表有关的往来文件，都可寄予此人。
授权人签章：</td></tr>
<tr><td colspan="3">本期预缴税额：</td></tr>
<tr><td colspan="3">本期应补（退）税额：</td></tr>
<tr><td colspan="3">期末未缴税额：</td></tr>
</table>

以下由税务机关填写

受理人（签章）：　　　　受理日期：　　年　月　日　　　　受理税务机关（章）：

图 3-4　其他应税消费品消费税纳税申报表

要点回顾

1）消费税是对在我国境内从事生产、委托加工和进口应税消费品的单位和个人，就其销售额或销售数量，在特定环节征收的一种税。简单地说，消费税是对特定消费品和消费行为征收的一种税。

2）消费税的特点有：①征收范围具有选择性；②征收环节具有单一性；③征收方法具有灵活性；④平均税率水平较高且税负差异较大。

3）消费税的纳税人是在中华人民共和国境内生产、委托加工、进口应税消费品的单位和个人。消费税的纳税范围主要是根据我国目前的经济发展水平、国家的消费政策和产业政策，人民群众的消费水平和消费结构，以及财政需要，并借鉴国外的成功经验和通行做法所确定的产品。

4）消费税共设置 15 个税目、若干个子目，征税主旨明确，课税对象清晰。

5）消费税实行从价定率、从量定额，或者从价定率和从量定额复合计税（以下简称复合计税）的办法计算应纳税额。应纳税额计算公式为

实行从价定率办法计算的应纳税额＝应纳消费税的销售额×比例税率

实行从量定额办法计算的应纳税额=应纳消费税销售数量×定额税率

实行复合计税办法计算的应纳税额=应税销售额×比例税率+应税消费品销售数量×定额税率

6）纳税人应在“应交税费”账户下设置“应交消费税”明细账户进行会计核算。该明细账户采用三栏式账户记账，贷方核算企业按规定应缴纳的消费税，借方核算企业实际缴纳的消费税或待扣的消费税；期末贷方余额表示尚未缴纳的消费税，借方余额表示企业多交的消费税。

7）自产自用的应税消费品，如果当月无销售或者当月未完结，应按照同类消费品上月或者最近月份的销售价格计算纳税。没有同类消费品销售价格的，按照组成计税价格计算纳税。

实行从价定率办法计算纳税的组成计税价格计算公式为

组成计税价格=（成本+利润）÷（1－比例税率）

实行复合计税办法计算纳税的组成计税价格计算公式为

组成计税价格=（成本+利润+自产自用数量×定额税率）÷（1－比例税率）

8）委托加工的应税消费品，如果当月无销售或者当月未完结，应按照同类消费品上月或最近月份的销售价格计算纳税。没有同类消费品销售价格的，按照组成计税价格计算纳税。

实行从价定率办法计算纳税的组成计税价格计算公式为

组成计税价格=（材料成本+加工费）÷（1－比例税率）

实行复合计税办法计算纳税的组成计税价格计算公式为

组成计税价格=（材料成本+加工费+委托加工数量×定额税率）+（1－比例税率）

9）进口的应税消费品，于报关进口时缴纳消费税，并由海关代征。进口的应税消费品，按照组成计税价格计算纳税。

实行从价定率办法计算纳税的组成计税价格计算公式为

组成计税价格=（关税完税价格+关税）÷（1－消费税比例税率）

实行复合计税办法计算纳税的组成计税价格计算公式为

$$组成计税价格=\frac{关税完税价格+关税+进口数量\times消费税定额税率}{1-消费税比例税率}$$

10）纳税人无论当期有无销售或是否营利，均应在规定时间内填制“消费税申报表”，并向主管税务机关进行纳税申报。

能力训练

一、单项选择题

1．下列应税的消费品属于在零售环节缴纳的消费税的是（　　）。

A．高档化妆品　B．柴油　C．小汽车　D．钻石饰品

2．我国消费税对不同应税消费品采用了不同的税率形式，下列应税消费品中，适

用复合计税方法计征消费税的是（　　）。

A．粮食白酒　B．酒精　C．成品油　D．摩托车

3．根据《消费税暂行条例》的规定，纳税人销售应税消费品向购货方收取的下列税金、价外费用中，不应并入应税消费品销售额的是（　　）。

A．向购货方收取的手续费　B．向购货方收取的价外基金

C．向购货方收取的增值税税款　D．向购货方收取的消费税税款

4．甲烟草公司提供烟叶委托乙公司加工一批烟丝。该家公司将已收回烟丝中的一部分用于生产卷烟，另一部分烟丝卖给丙公司。在这项委托加工烟丝业务中，消费税的纳税义务人是（　　）。

A．甲公司　B．乙公司

C．丙公司　D．甲公司和丙公司

5．根据《消费税暂行条例》的规定，纳税人自产的用于下列用途的应税消费品中，不需要缴纳消费税的是（　　）。

A．用于赞助的消费品

B．用于职工福利的消费品

C．用于广告的消费品

D．用于连续生产应税消费品的消费品

二、多项选择题

1．根据《消费税暂行条例》的规定，下列各项中，属于消费税征收范围的有（　　）。

A．卷烟　B．实木地板　C．大客车　D．高级护肤品

2．下列各项中，符合应税消费品销售数量规定的有（　　）。

A．生产销售应税消费品的，为应税消费品的销售数量

B．自产自用应税消费品的，为纳税消费品的生产数量

C．委托加工应税消费品的，为纳税人收回的应税消费品数量

D．进口应税消费品的，为海关核定的应税消费品进口征税数量

3．根据消费税法律制度的规定，下列各项中，应当缴纳消费税的有（　　）。

A．销售白酒而取得的包装物作价收入

B．销售白酒而取得的包装物押金收入

C．将自产白酒作为福利发给本厂职工

D．使用自产酒精生产白酒

4．根据我国《消费税暂行条例》的规定，纳税人用于（　　）的应税消费品，应当以纳税人同类应税消费品的最高销售价格作为计税依据计算缴纳消费税。

A．换取生产资料　B．换取消费资料

C．投资入股　D．抵偿债务

5．根据消费税法律制度的规定，纳税人外购和委托加工的应税消费品，用于连续生产应税消费品的，已缴纳的消费税税款准予从应纳消费税税额中抵扣。下列各项中，

可以抵扣已缴纳的消费税的有（　　）。

A．外购已税烟丝生产的卷烟

B．外购已税汽车生产的高级小轿车

C．外购已税其他酒原料生产的白酒

D．外购已税石脑油为原料生产的应税消费品

三、判断题

1．消费税法规定的应税消费品均属于货物，缴纳增值税时还都要缴纳消费税。（　　）

2．包装物已作价随同应税消费品销售，又另外收取押金并在规定期限内未予退还的押金，不应并入应税消费品的销售额计征消费税。（　　）

3．外购已税消费品连续生产应税消费品的，在计征消费税时可全部扣除外购的应税消费品已纳的消费税税款。（　　）

四、业务核算题

1．娇兰化妆品公司（一般纳税人）2017年3月发生以下经济业务：

1）3月5日向万达商场销售高档化妆品一批，开具增值税专用发票，取得不含增值税销售额100万元，增值税17万元；

2）3月16日向友谊商场销售高档化妆品一批，开具普通发票，取得含增值税销售额9.36万元；

3）3月25日将一批自产的高档化妆品用作职工福利，高档化妆品的成本3.4万元，该高档化妆品无同类产品市场销售价格，但已知其成本利润率为5%，消费税税率为15%。

要求：计算娇兰公司3月份应交的消费税，并编制该月经济业务的会计分录。

2．亚达公司为高尔夫球及球具生产厂家，是增值税一般纳税人，2017年5月发生以下经济业务：

1）购进一批碳素材料、钛合金，增值税专用发票注明价款150万元、增值税税款25.5万元，委托丙企业将其加工成高尔夫球杆，支付加工费30万元、增值税税款5.1万元；

2）委托加工收回的高尔夫球杆的80%当月已经销售，收到不含税款300万元，尚有20%留存仓库。

要求：

1）计算丙企业代收代缴的消费税数额（消费税税率为10%）；

2）计算亚达公司销售高尔夫球杆应缴纳的消费税税额；

3）假设丙企业未履行代收代缴消费税，留存仓库的高尔夫球杆应纳消费税为多少？

4）编制该月经济业务的会计分录。

第4章　关 税 会 计

【目的要求】

1. 了解关税的概念、种类；
2. 理解关税的征税对象和纳税人、关税的税目和税率、关税的缴纳方法；
3. 掌握关税完税价格和关税应纳税额的计算；
4. 掌握自营进出口业务关税的会计核算，理解代理进出口业务关税的会计核算。

【重点难点】

1. 关税完税价格和关税应纳税额的计算；
2. 自营进出口业务关税的会计核算。

4.1　关 税 概 述

4.1.1　关税的概念和种类

1. 关税的概念

关税是国际通行的税种，是海关代表国家，根据有关税法、税则，对进出关境货物和物品所征收的一种流转税。

2. 关税的种类

依据不同的标准，关税可以划分为不同的种类，此处只介绍一种，即按货物、物品的流向，分为进口关税、出口关税。

（1）进口关税

进口关税是指海关在外国货物进口时所课征的关税。现今世界各国的关税主要是征收进口关税，目的在于保护本国市场和增加财政收入。

（2）出口关税

出口关税是指海关在本国货物出口时所课征的关税。世界各国一般少征或不征出口关税。为了限制本国某些产品或自然资源的输出，或为保护本国生产、本国市场供应和增加财政收入及某些特定的需要，有些国家也征收出口税。

4.1.2　关税的征税对象和纳税人

1. 征税对象

关税的征税对象是准许进出境的货物和物品。货物是指贸易性商品；物品指入境旅客随身携带的行李和物品、个人邮递物品、各种运输工具上的服务人员携带进口的自用物品、馈赠物品，以及以其他方式进入我国国境的个人物品。

2. 纳税人

进口货物的收货人、出口货物的发货人、进出境物品的所有人，是关税的纳税义务人。

凡由外贸企业代理进出口业务的，都由办理进出口业务的外贸企业代为申报纳税，不通过外贸企业而自行经营进出口业务的，则由收、发货人自行申报纳税。

进境物品的纳税人是物品的所有人和推定所有人（携带人、收件人、寄件人或托运人等）。

4.1.3 关税的税目和税率

进出口税则是一国政府根据国家关税政策和经济政策，通过一定立法程序制定公布实施的进出口货物和物品应税的关税税率表。税率表包括税则商品分类目录和税率栏两大部分。

1. 关税税目

加入世界贸易组织后，我国关税税目多次调整。我国2017年税则税目总数为8 547个。

2. 关税税率

（1）进口关税税率

我国进口税则设有最惠国税率、协定税率、特惠税率、普通税率、关税配额税率等。对进口货物在一定期限内可以实行暂定税率。适用最惠国税率的进口货物有暂定税率的，应当适用暂定税率。适用特惠税率、协定税率的进口货物有暂定税率的，应当从低适用税率。适用普通税率的进口货物，不适用暂定税率。

按征收关税的标准，进口关税税率可以分为从价税、从量税、选择税、复合税、滑准税。选择税是对一种进口商品同时定有从价税和从量税两种税率，但征税时选择其税额较高的一种征税。滑准税是根据货物的不同价格适用不同税率的一类特殊的从价关税；它是一种关税税率随进口货物价格由高至低而由低至高设置计征关税的方法，也就说，进口货物的价格越高，其进口关税税率越低，进口商品的价格越低，其进口关税税率越高。

知识拓展4-1：进口关税税率的种类

（2）出口货物税率

国家仅对少数资源性产品及易于竞相杀价、盲目出口、需要规范出口秩序的半制成品征收出口关税。现行税则对100余种商品计征出口关税，包括鳗鱼苗等。适用出口税率的出口货物有暂定税率的，应当适用暂定税率。

4.1.4 关税的缴纳

进口货物的纳税义务人应当自运输工具申报进境之日起 14 日内，出口货物的纳税义务人除海关特准的外，应当在货物运抵海关监管区后、装货的 24 小时以前，向货物的进出境地海关申报。

纳税义务人应当自海关填发税款缴款书，海关专用缴款书（图 4-1）之日起 15 日内，向指定银行缴纳税款。如关税缴款期限届满日遇到星期六、星期日等休息日或法定节假日，则关税缴纳期限顺延至休息日或法定节假日之后的第一个工作日。

海关专用缴款书

收入系统：　　　　　　　　填发日期：　　年　　月　　日　　　　　　号码　No：

<table>
<tr><td rowspan="3">收款单位</td><td>收入机关</td><td colspan="3"></td><td rowspan="3">缴款单位（人）</td><td>名　称</td><td colspan="2"></td><td rowspan="10">第一联（收据）国库收款签章后交缴款单位或缴纳人</td></tr>
<tr><td>科　目</td><td></td><td>预算级次</td><td></td><td>账　号</td><td colspan="2"></td></tr>
<tr><td>收款国库</td><td colspan="3"></td><td>开户银行</td><td colspan="2"></td></tr>
<tr><td>税号</td><td colspan="2">货物名称</td><td>数量</td><td>单位</td><td>完税价格（¥）</td><td>税率（%）</td><td>税款金额（¥）</td></tr>
<tr><td></td><td colspan="2"></td><td></td><td></td><td></td><td></td><td></td></tr>
<tr><td colspan="6">金额人民币（大写）</td><td>合计（¥）</td><td></td></tr>
<tr><td colspan="2">申请单位编号</td><td>报关单号</td><td colspan="2"></td><td rowspan="3">填制单位
制单人________
复核人</td><td colspan="2" rowspan="4">收款国库（银行）</td></tr>
<tr><td colspan="2">合同（批文）号</td><td>运输工具（号）</td><td colspan="2"></td></tr>
<tr><td colspan="2">缴款期限</td><td>提/装货单号</td><td colspan="2"></td></tr>
<tr><td colspan="5">备注</td><td></td></tr>
</table>

从填发缴款书之日起限 15 日内缴纳（期末遇到法定节假日顺延），逾期按日征收税款总额万分之五的滞纳金。

图 4-1　海关专用缴款书

4.2 关税的计算与会计核算

4.2.1 关税完税价格

关税的计算涉及“关税完税价格”。关税完税价格是指海关计征关税所依据的价格。海关以进出口货物的实际成交价格为基础审定完税价格。实际成交价格是一般贸易项下进口或出口货物的买方为购买该项货物向卖方实际支付或应当支付的价格。成交价格不能确定时，完税价格由海关估定。

知识拓展 4-2：法定免缴关税的货物

1．进口货物关税完税价格的确认

进口货物的完税价格包括货物的货价、货物运抵我国境内输入地点起卸前的运输及其相关费用、保险费。在进出口实务中，可把进口货物的完税价格简单归纳为 CIF 价，其中，C 是完整的货价，包括支付的佣金（支付给自己的采购代理人的购货佣金除外）；I是保险费，包含在出口国和进口途中的保险费；F是运费和其他费用，包含在出口国和进口途中的运费和其他费用。计算公式为

$$进口货物完税价格＝CIF价＝离岸价＋向卖方支付的佣金＋运保费 \qquad (4\text{-}1)$$

计算进口货物关税的完税价格如果不完整，则需要进行调整。

2. 出口货物关税完税价格的确认

知识拓展4-3：关税完税价格的计算方法

出口货物的完税价格由海关以该货物向境外销售的成交价格即FOB价格为基础审查确定，并应当包括货物运至中华人民共和国境内输出地点装载前的运输及其相关费用、保险费，但其中包含的出口关税税额，应当扣除。出口货物的成交价格，是指该货物出口销售时，卖方为出口该货物应当向买方直接收取和间接收取的价款总额。出口关税不计入完税价格。计算公式为

$$出口货物关税完税价格＝FOB价－出口关税＝FOB价÷（1＋关税税率） \qquad (4\text{-}2)$$

4.2.2 关税应纳税额的计算

关税分从价、从量、复合和滑准四种计税方法，相关计算公式如下。

1. 从价计税应纳关税税额

$$应纳关税税额＝应税进出口货物数量×单位完税价格×适用税率 \qquad (4\text{-}3)$$

【例4-1】华丰进出口公司进口甲醇一批，进口申报价格为USD 300 000（CIF深圳），关税税率为5.5%。假定计税日外汇牌价USD 100=CNY 689.21，请计算甲醇应缴进口关税。

甲醇的关税完税价格＝300 000×6.892 1＝2 067 630（元）

甲醇应交进口关税＝2 067 630×5.5%＝113 719.65（元）

【例4-2】华丰进出口公司出口化肥4 000吨到日本，每吨USD 400（CIF深圳），其中运费USD 40，保险费USD 4，出口关税税率为10%。假定计税日外汇牌价USD 100=CNY 689.21，请计算应缴出口关税。

化肥的FOB价＝CIF价－运费－保险费＝（400－40－4）×4 000×6.892 1
＝9 814 350.40（元）

化肥关税完税价格＝9 814 350.40÷（1＋10%）＝8 922 136.73（元）

应交出口关税＝8 922 136.73×10%≈892 213.67（元）

2. 从量计税应纳关税税额

$$应纳关税税额＝应税进口货物数量×关税单位税额 \qquad (4\text{-}4)$$

3. 复合计税应纳关税税额

$$应纳关税税额＝应税进口货物数量×关税单位税额＋应税进口货物数量×单位完税价格×适用税率 \qquad (4\text{-}5)$$

4. 滑准税应纳关税税额

应纳关税税额＝应税进出口货物数量×单位完税价格×滑准税税率 （4-6）

4.2.3 关税的会计核算

1. 会计账户设置

企业应当在“应交税费”账户下设置“应交关税”明细账户，或分别设置“应交进口关税”和“应交出口关税”明细账户，分别核算企业发生的和实际缴纳的进出口关税，其贷方反映企业在进出口报关时经海关核准应缴纳的进出口关税，其借方反映企业实际缴纳的进出口关税，其余额在贷方反映企业应缴而未缴纳的进出口关税。

企业进出口业务的会计核算，需要设置记录外币业务的复币式账户，如“应收账款”“应付账款”“预收账款”“预付账款”等账户，还要进行汇兑损益的计算与处理。

2. 自营进口业务关税的会计核算

企业自营进口商品时，借记“在途物资”等账户，以CIF价格作为完税价格计算应缴纳关税时，贷记“应交税费——应交进口关税”账户；实际缴纳时，借记“应交税费——应交进口关税”账户，贷记“银行存款”账户。企业也可不通过“应交税费——应交进口关税”账户核算，待实际缴纳关税时，直接借记“在途物资”等账户，贷记“银行存款”账户，但这种会计核算方法不便于进行税负分析。

【例 4-3】华丰进出口公司 2017 年 6 月份从国外自营进口排气量 2.2 升小汽车一批，总价 USD 500 000（CIF 深圳），进口关税税率为 25%，代征消费税率为 9%，增值税税率为 17%。根据海关开出的税款缴纳凭证，以银行存款付讫税款。假定计税日外汇牌价 USD 100=CNY 689.21。相关计算如下：

关税完税价格＝500 000×6.892 1＝3 446 050（元）

应交关税＝3 446 050×25%＝861 512.50（元）

组成计税价格＝（3 446 050＋861 512.50）÷（1－9%）＝4 733 585.16（元）

应交消费税＝4 733 585.16×9%≈426 022.67（元）

应交增值税＝4 733 585.16×17%≈804 709.48（元）

该公司账务处理如下：

（1）购进小汽车时

借：在途物资 3 446 050

　　贷：应付账款——应付外汇账款 3 446 050

附原始凭证 5 张：境外汇款申请书（略）、银行外汇会计凭证（略）、单位外汇交易申请书（略）和汇款手续费凭证 2 张（略）。

（2）计提应交税费

借：在途物资 1 287 535.16

　　贷：应交税费——应交进口关税 861 512.50

　　　　　　　　——应交消费税 426 022.66

附原始凭证 1 张：税费计算表（略）。

（3）上缴税金时

借：应交税费——应交进口关税　861 512.50

——应交消费税　426 022.66

——应交增值税（进项税额）　804 709.48

贷：银行存款　2 092 244.64

附原始凭证 3 张：海关进口关税专用缴款书（图 4-2）、海关进口消费税专用缴款书（图 4-3）、海关进口增值税专用缴款书（图 4-4）。

海关进口关税专用缴款书

收入系统：海关系统　　填发日期：2017 年 6 月 1 日　　号码　No：53482017148003045

收款单位	收入机关	中央金库			缴款单位（人）	名称	深圳市华丰进出口有限公司
	科目	进口关税	预算级次	中央		账号	4000023609200330050
	收款国库	中国工商银行深圳深东支行（4000021011200280001）				开户银行	中国工商银行深圳宝湖支行

税号	货物名称	数量	单位	完税价格（¥）	税率（%）	税款金额（¥）
8703.2314	2.2 升小汽车	35	辆	3 446 050.00	25.0000	861 512.50
金额人民币（大写）捌拾陆万壹仟伍佰壹拾贰元伍角整					合计（¥）	¥861 512.50

申请单位编号	440319009	报关单号	53482017148003045	填制单位	收款国库（银行）
合同（批文）号	20170601	运输工具（号）			
缴款期限	2017年6月16日前	提/装货单号		制单人 006476 复核人	
备注	一般贸易　照章征税　2017-5-26 国标代码 440300795419464USD　6.8921 861 512.50				

第一联（收据）国库收款签章后交缴款单位或缴纳人

从填发缴款书之日起限 15 日内缴纳（期末遇法定节假日顺延），逾期按日征收税款总额万分之五的滞纳金。

图 4-2　海关进口关税专用缴款书

海关进口消费税专用缴款书

收入系统：税务系统　　填发日期：2017 年 6 月 1 日　　号码　No：53482017148003045

收款单位	收入机关	中央金库			缴款单位（人）	名称	深圳市华丰进出口有限公司
	科目	进口其他消费品消费税	预算级次	中央		账号	4000023609200330050
	收款国库	中国工商银行深圳深东支行（4000021011200280001）				开户银行	中国工商银行深圳宝湖支行

税号	货物名称	数量	单位	完税价格（¥）	税率（%）	税款金额（¥）
8703.2314	2.2 升小汽车	35	辆	4 733 585.16	9.0000	426 022.66
金额人民币（大写）肆拾贰万陆仟零贰拾贰元陆角陆分					合计（¥）	¥426 022.66

申请单位编号	440319009	报关单号	53482017148003045	填制单位	收款国库（银行）
合同（批文）号	20170601	运输工具（号）			
缴款期限	2017年6月16日前	提/装货单号		制单人 006476 复核人	
备注	一般贸易　照章征税　2017-5-26 国标代码 440300795419464USD　6.8921 426 022.66				

第一联（收据）国库收款签章后交缴款单位或缴纳人

从填发缴款书之日起限 15 日内缴纳（期末遇法定节假日顺延），逾期按日征收税款总额万分之五的滞纳金。

图 4-3　海关进口消费税专用缴款书

进口增值税专用缴款书

收入系统：税务系统　　填发日期：2017 年 6 月 1 日　　号码　No：53482017148003045

收款单位	收入机关	中央金库			缴款单位（人）	名称	深圳市华丰进出口有限公司
	科目	进口增值税	预算级次	中央		账号	4000023609200330050
	收款国库	中国工商银行深圳深东支行（4000021011200280001）				开户银行	中国工商银行深圳宝湖支行

税号	货物名称	数量	单位	完税价格（¥）	税率（%）	税款金额（¥）
8703.2314	2.2 升小汽车	35	辆	4 733 585.16	17.0000	804 709.48
金额人民币（大写）捌拾万肆仟柒佰零玖元肆角捌分					合　计（¥）	¥804 709.48

申请单位编号	440319009	报关单号	53482017148003045	填制单位	收款国库（银行）
合同（批文）号	20170601	运输工具（号）			
缴款期限	2017 年 6 月 16 日前	提/装货单号		制单人 006476	
备注	一般贸易　照章征税　2017-5-26 国标代码 440300795419464USD　6.8921 804 709.48			复核人	

第一联（收据）国库收款签章后交缴款单位或缴纳人

从填发缴款书之日起限 15 日内缴纳（期末遇法定节假日顺延），逾期按日征收税款总额万分之五的滞纳金。

图 4-4　海关进口增值税专用缴款书

（4）商品验收入库时

借：库存商品　　4 733 585.16

　　贷：在途物资　　4 733 585.16

附原始凭证 1 张：入库单（略）。

3. 自营出口业务关税的会计核算

企业自营出口商品应以 FOB 价格作为完税价格计缴关税，借记“税金及附加”账户，贷记“应交税费——应交出口关税”账户；实际缴纳时，借记“税金及附加”账户，贷记“银行存款”“应付账款”等账户。

如果成交价是 CIF 或 CFR 价格入账，在实际支付海外运费、保险费时，再以红字冲减销售收入，将收入调整到以 FOB 价格为标准。

【例 4-4】华丰进出口公司 2017 年 6 月向日本出口一批硅铁，国内港口 FOB 价格折合人民币为 5 600 000 元，硅铁出口关税税率为 20%，根据海关开出的税款缴纳凭证，以银行存款付讫税款。该公司账务处理如下：

$$应交出口关税税额=\frac{5\ 600\ 000}{1+20\%}\times 20\%\approx 933\ 333.33（元）$$

（1）计提出口关税

借：税金及附加　　933 333.33

　　贷：应交税费——应交出口关税　　933 333.33

附原始凭证 1 张：税费计算表（略）。

（2）上交出口关税

借：应交税费——应交出口关税　　933 333.33

　　贷：银行存款　　933 333.33

附原始凭证1张：出口关税专用缴款书（图4-5）。

出口关税专用缴款书

收入系统：海关系统　填发日期：2017年6月15日　号码　No：53482017148004046

收款单位	收入机关	中央金库			缴款单位（人）	名称	深圳市华丰进出口有限公司
	科目	出口关税	预算级次	中央		账号	4000023609200330050
	收款国库	中国工商银行深圳深东支行（4000021011200280001）				开户银行	中国工商银行深圳宝湖支行

税号	货物名称	数量	单位	完税价格（¥）	税率（%）	税款金额（¥）
7202210010	硅铁	880	吨	4 666 666.67	20.0000	933 333.33
金额人民币（大写）玖拾叁万叁仟叁佰叁拾叁元叁角叁分					合计（¥）	¥933 333.33

申请单位编号	440319009	报关单号	53482017148004046	填制单位	收款国库（银行）
合同（批文）号	20170605	运输工具（号）			
缴款期限	2017年6月30日前	提/装货单号			
备注	一般贸易　照章征税　2017-5-30 国标代码 440300795419464USD　6.8921 933 333.33			制单人 006476 复核人	

从填发缴款书之日起限15日内缴纳（期末遇法定节假日顺延），逾期按日征收税款总额万分之五的滞纳金。

第一联（收据）国库收款签章后交缴款单位或缴纳人

图4-5　出口关税专用缴款书

4. 代理进出口业务关税的会计核算

代理进出口业务，受托方一般不垫付货款，以成交额（价格）的一定比例收取劳务费作为其收入。因进出口商品而计缴的关税由委托单位负担，受托单位即使向海关缴纳了关税，也只是代垫或代付，日后仍要与委托方结算。

代理进出口业务所计缴的关税，在会计核算上通过设置“应交税费”账户来核算，其对应账户是“应付账款”“应收账款”“银行存款”等。

【例4-5】华丰进出口公司2017年6月份发生下列两笔代理业务：

1）受甲公司委托代理进口商品一批，甲公司将货款2 000 000元汇入华丰公司银行。该批进口商品总价USD 200 000（CIF深圳），进口关税税率为20%，增值税税率为17%，假定计税日外汇牌价USD 100=CNY 689.21。代理劳务费按货价的2%收取。该批商品已运达指定口岸，公司与委托单位办理有关结算。

2）受托代理乙工厂出口商品一批。FOB价折合人民币为240 000元，出口关税税率为20%，劳务费按货价的3%收取。

该公司账务处理如下：

① 针对业务1）的相关计算及账务处理。

该批商品人民币货价＝200 000×6.892 1＝1 378 420（元）

应交进口关税＝1 378 420×20%＝275 684（元）

应交进口增值税＝（1 378 420＋275 684）×17%＝281 197.68（元）

应收代理劳务费＝1 378 420×2%＝27 568.40（元）

代理劳务费应交增值税＝27 568.40×6%≈1 654.10（元）

收到委托方货款：

借：银行存款　　2 000 000

　　贷：预收账款——甲公司　　2 000 000

附原始凭证 2 张：收款收据和银行进账单（略）。

对外汇付进口商品货款：

借：预收账款——甲公司　　（USD 200 000×6.892 1）1 378 420

　　贷：银行存款　　1 378 420

附原始凭证 5 张：境外汇款申请书（略）、银行外汇会计凭证（略）、单位外汇交易申请书（略）和汇款手续费凭证 2 张（略）。

计提进口关税：

借：预收账款——甲公司　　556 881.68

　　贷：应交税费——应交进口关税　　275 684

　　　　　　　　——应交增值税（进项税额）　　281 197.68

附原始凭证 1 张：税费计算表（略）。

上交进口关税：

借：应交关税——应交进口关税　　275 684.00

　　　　　　——应交增值税（进项税额）　　281 197.68

　　贷：银行存款　　556 881.68

附原始凭证 1 张：进口关税专用缴款书、进口增值税专用缴款书（略）。

结算手续费：

借：预收账款——甲公司　　29 222.50

　　贷：其他业务收入　　27 568.40

　　　　应交税费——应交增值税（销项税额）　　1 654.10

附原始凭证 1 张：增值税专用发票（略）。

退回余款：

借：预收账款——甲公司　　35 475.82

　　贷：银行存款　　35 475.82

附原始凭证 1 张：支票（略）。

② 针对业务 2）的相关计算及账务处理。

应交出口关税＝240 000÷（1＋20%）×20%＝40 000（元）

应收代理劳务费＝240 000×3%＝7 200（元）

代理劳务费应交增值税＝7 200×6%＝432（元）

计提应交出口关税：

借：应收账款——乙工厂　　40 000

　　贷：应交税费——应交出口关税　　40 000

附原始凭证 1 张：税费计算表（略）。

上交出口关税：

借：应交税费——应交出口关税　　40 000

　　贷：银行存款　　40 000

附原始凭证1张：出口关税专用缴款书（略）。

应收劳务费：

借：应收账款——乙工厂　　7 632

　　贷：其他业务收入　　7 200

　　　　应交税费——应交增值税（销项税额）　　432

附原始凭证1张：增值税专用发票（略）。

收到乙工厂税款及劳务费

借：银行存款　　47 632

　　贷：应收账款——乙工厂　　47 632

附原始凭证1张：银行进账单（略）。

要点回顾

1）关税是国际通行的税种，是海关代表国家，根据有关税法、税则，对进出关境货物和物品所征收的一种流转税。按货物、物品的流向，分为进口关税、出口关税。

2）关税的征税对象是准许进出境的货物和物品。进口货物的收货人、出口货物的发货人、进出境物品的所有人，是关税的纳税义务人。

3）我国进口税则设有最惠国税率、协定税率、特惠税率、普通税率、关税配额税率等。

4）进口货物的纳税义务人应当自运输工具申报进境之日起14日内，出口货物的纳税义务人除海关特准的外，应当在货物运抵海关监管区后、装货的24小时以前，向货物的进出境地海关申报。

纳税义务人应当自海关填发税款缴款书之日起15日内，向指定银行缴纳税款。如关税缴款期限届满日遇到星期六、星期日等休息日或法定节假日，则关税缴纳期限顺延至休息日或法定节假日之后的第一个工作日。

5）进口货物的完税价格包括货物的货价、货物运抵我国境内输入地点起卸前的运输及其相关费用、保险费。出口货物的完税价格由海关以该货物向境外销售的成交价格即FOB价格为基础审查确定，并应当包括货物运至中华人民共和国境内输出地点装载前的运输及其相关费用、保险费，但其中包含的出口关税税额，应当扣除。

6）关税分从价、从量、复合和滑准四种计税方法。计算公式具体如下：

从价计税应纳关税税额：

应纳关税税额＝应税进出口货物数量×单位完税价格×适用税率

从量计税应纳关税税额：

应纳关税税额＝应税进口货物数量×关税单位税额

复合计税应纳关税税额：

应纳关税税额＝应税进口货物数量×关税单位税额＋应税进口货物数量×单位完税价格×适用税率

滑准税应纳关税税额：

应纳关税税额＝应税进出口货物数量×单位完税价格×滑准税税率

7）企业应当在“应交税费”账户下设置“应交关税”明细账户，或分别设置“应交进口关税”和“应交出口关税”明细账户，分别核算企业发生的和实际缴纳的进出口关税，其贷方反映企业在进出口报关时经海关核准应缴纳的进出口关税，其借方反映企业实际缴纳的进出口关税，其余额在贷方反映企业应缴而未缴纳的进出口关税。

能力训练

一、单项选择题

1．适用特惠税率、协定税率的进口货物有暂定税率的，应当（　　）适用税率。

A．从高　　B．从低

C．特惠税率从高　　D．根据情况，有时从高，有时从低

2．进口货物的纳税义务人应当自运输工具申报进境之日起（　　）日内，向货物的进境地海关申报。

A．10　　B．14　　C．15　　D．20

3．企业自营进口商品应以 CIF 价格作为完税价格计提关税，其会计核算是（　　）。

A．借：在途物资

　　贷：应交税费——应交进口关税

B．借：应交税费——应交进口关税

　　贷：银行存款

C．借：在途物资

　　贷：银行存款

D．借：应付账款

　　贷：应交税费——应交进口关税

4．CIF 到岸价格包括的内容是（　　）。

A．买方佣金　　B．卖方佣金

C．卖方付给买方的正常价格回扣　　D．因延期付款而支付的利息罚款

5．出口货物的完税价格是指货物的（　　）。

A．CIF 价　　B．FOB 价

C．FOB 价-出口关税　　D．CIF 价-出口关税

二、多项选择题

1．关税的纳税义务人包括（　　）。

A．进口货物的收货人　　B．进口货物的发货人

C．出口货物的发货人　　D．入境物品的所有人

2．关税按计税方法分为（　　）。

A．从价定率　　B．从量定额　　C．复合计税　　D．滑准计税

3．下列各项中，应计入出口货物完税价格的有（　　）。

A．出口关税税额

B．向买方收取的价款

C．货物在我国境内输出地点转载后的运输费用

D．货物在我国境内输出地点转载前的运输费用

4．适用（　　）的进口货物有暂定税率的，应当从低适用税率。

A．最惠国税率　B．普通税率　C．特惠税率　D．协定税率

三、判断题

1．进境物品的纳税人是物品的所有人和推定所有人（携带人、收件人等）。（　　）

2．出口货物应在货物运抵海关监管区后装货的14日前向出境地海关申报。（　　）

3．根据关税税法的规定，纳税人在海关填发税款缴纳书次日起15日内向指定银行缴纳关税。（　　）

4．企业出口进口货物交纳的关税可以不通过“应交税费”账户来核算。（　　）

四、业务核算题

1．某公司从国外自营进口葡萄酒一批，总价EUR 78 000（CIF深圳），进口关税税率为14%，代征消费税率为10%，增值税率17%。根据海关开出的税款缴纳凭证，以银行存款付讫税款。假定计税日外汇牌价EUR 100＝CNY 773.14。

要求：进行相关账务处理。

2．某公司出口一批锌锭，国内港口FOB价格折合人民币为1 896 000元，锌锭出口关税税率为20%，根据海关开出的税款缴纳凭证，以银行存款付讫税款。

要求：进行账务处理。

第5章 出口货物退（免）税会计

【目的要求】

1. 了解出口货物退（免）税的基本政策和办法；
2. 掌握外贸企业出口货物退（免）增值税的计算与会计核算；
3. 理解生产企业出口货物“免、抵、退”增值税的计算与会计核算。

【重点难点】

1. 外贸企业出口货物增值税应退税额和不予退税额的计算；
2. 外贸企业从小规模纳税人购进准予退税的出口货物应退税额的计算；
3. 外贸企业退（免）税的会计核算。

5.1 出口货物退（免）税概述

5.1.1 出口退（免）税制度

对出口货物、劳务和跨境应税行为实行退（免）税是国际通行惯例，目的在于鼓励各国出口货物公平竞争的一种退还或免征间接税（目前我国主要包括增值税、消费税）的税收措施。

我国的出口货物、劳务和跨境应税行为退（免）增值税，是对我国报关出口的货物、劳务和跨境应税行为退还或免征其在国内各生产和流通环节按税法规定缴纳的增值税，即应征收增值税的出口货物、劳务和跨境应税行为实行零税率（国务院另有规定除外）。税率为零，从税法上理解有两层含义：一是对本道环节生产或销售货物、劳务和跨境应税行为的增值部分免征增值税；二是对出口货物、劳务和跨境应税行为前道环节所含的进项税额进行退付。

本章仅介绍出口货物（委托加工修理修配货物除外）增值税退（免）税。

5.1.2 出口货物退（免）税基本政策

我国采取出口退税与免税相结合的政策，分为以下三种形式。

1. 出口免税并退税

出口免税是指在出口销售环节免征增值税；出口退税是指对货物在出口前实际承担的税收负担，按规定的退税率计算后予以退还。

2. 出口免税不退税

出口免税是指在出口销售环节免征增值税；出口不退税是针对适用增值税免税政策范围的货物，由于在前一道生产、销售环节或进口环节是免税的，因此，出口该货物的价格本身就不含税，也无须退税。

3. 出口不免税也不退税

出口不免税是指对国家限制或禁止出口的某些货物的出口环节视同内销环节，照常征税；出口不退税是指对这些货物出口不退回出口前其所负担的税款。

5.1.3　增值税退（免）税办法

适用增值税退（免）税政策的出口货物，按照下列规定实行增值税“免、抵、退”税或“免、退”税办法。

1. “免、抵、退”税办法

“免”税是指生产企业出口的自产或视同自产货物，免征出口环节增值税；“抵”税是指生产企业出口自产或视同自产货物所耗用的原材料、零部件、燃料、动力等所含应予退还的进项税额，抵顶内销货物的应纳税额；“退”税是指生产企业出口自产或视同自产货物在当月内应抵顶的进项税额大于应纳税额时，对未抵顶完的部分予以退税。适用增值税一般计税方法的生产企业出口自产货物与视同自产货物。

2. “免、退”税办法

“免、退”税，是指免征增值税，相应的进项税额予以退还，适用于不具有生产能力的出口企业（以下称外贸企业）或其他单位出口货物。

知识拓展5-1：出口货物免、退税的管理

5.1.4　出口货物的退税率

除财政部和国家税务总局根据国务院决定而明确的增值税出口退税率（以下称退税率）外，出口货物的退税率为其适用税率。

外贸企业购进按简易办法征税的出口货物、从小规模纳税人购进的出口货物，其退税率分别为简易办法实际执行的征收率、小规模纳税人征收率。取得增值税专用发票的，退税率按照增值税专用发票上的税率和出口货物退税率孰低的原则确定。

5.2　出口货物退（免）税的计算与会计核算

5.2.1　外贸企业出口货物退（免）增值税的计算与会计核算

1. 增值税退（免）税的计税依据

外贸企业出口货物增值税退（免）税的计税依据为购进出口货物的增值税专用发票

注明的金额（不含增值税，下同）或海关查扣增值税专用缴款书注明的完税价格。

2. 外贸企业出口货物退（免）增值税的计算

1）外贸企业收购货物出口，免征其出口环节的增值税；其收购货物的成本部分，因外贸企业在支付收购货款的同时也支付了增值税的进项税款，因此，在货物出口后按收购成本与退税率计算退税，征、退税之差计入企业成本。

外贸企业出口货物应退增值税的计算应依据购进出口货物增值税专用发票上注明的金额和退税率计算：

增值税应退税额＝出口货物的购进金额（不含增值税）×退税率　（5-1）

出口货物的购进金额＝出口货物数量×出口货物的购进单价或加权平均购进单价　（5-2）

出口货物不予退税的税额＝出口货物的购进金额×（增值税税率－增值税退税率）

＝出口货物的进项税额－增值税应退税额　（5-3）

2）外贸企业从小规模纳税人购进特准退税的出口货物（抽纱、工艺品、香料油、山货、草柳竹藤制品、渔网渔具、松香、五倍子、生漆、鬃尾、山羊板皮、纸制品等）用于出口的，考虑到这些产品大多由小规模纳税人生产、加工、采购，并且其出口比重较大的特殊因素，特准予退税。应按下列公式计算应退税额：

$$\text{退税额}=\frac{\text{普通发票所列销售额（含增值税）}}{1+\text{征收率}}\times\text{退税率} \quad (5\text{-}4)$$

式（5-4）中的退税率为小规模纳税人征收率，取得增值税专用发票的，退税率按照增值税专用发票上的税率和出口货物退税率孰低的原则确定。

3. 外贸企业出口货物退（免）增值税的会计核算

外贸企业按照规定的退税率计算应收的出口退税时，借记“应收出口退税款”账户，贷记“应交税费——应交增值税（出口退税）”账户；收到出口退税款时，借记“银行存款”账户，贷记“应收出口退税款”账户。按照出口货物购进时取得的增值税专用发票上记载的进项税额或应分摊的进项税额，与按照国家规定的退税率计算的应退税额的差额，借记“主营业务成本”账户，贷记“应交税费——应交增值税（进项税额转出）”账户。

【例 5-1】广东佳信贸易有限公司 2017 年 7 月 3 日向广东倍家科技有限公司购入电热壶 1 000 台，电饭锅 500 台，收到增值税专用发票，发票注明价款 583 200 元，增值税 99 144 元。结算凭证经审核无误，同意付款，电热壶、电饭锅已验收入库。该公司账务处理如下：

借：库存商品——电饭锅　81 000

　　　　　　——电热壶　62 000

　　应交税费——应交增值税（进项税额）　24 310

　　贷：银行存款　167 310

附原始凭证2张：增值税专用发票（图5-1）入库单和支票（图略）。

4601041141　　**广东增值税专用发票**　　No 031131003

发票联

开票日期：2017年07月03日

购货单位	名　　称：广东佳信贸易有限公司 纳税人识别号：440703256268224 地 址、电 话：惠州市仲恺大道248号 88328688 开户行及账号：中国建设银行惠州仲恺支行 71682674152	密码区	（略）				
货物或应税劳务、服务名称	规格型号	单位	数量	单价	金额	税率	税额
电饭锅		台	500	162	81 000	17%	13 770
电热壶		台	1 000	62	62 000	17%	10 540
合计					¥143 000		¥24 310
价税合计（大写）	⊗壹拾陆万柒仟叁佰壹拾元整				（小写）¥167 310		
销货单位	名　　称：广东倍家科技有限公司 纳税人识别号：440703256268024 地 址、电 话：惠州市仲恺大道248号 88327589 开户行及账号：中国建设银行惠州仲恺支行 71682674052	备注	广东佳信贸易有限公司 914407030256268224D 发票专用章				

第三联　发票联　购货方记账凭证

收款人：谢惠新　　复核：杨晓梅　　开票人：王耀林　　销货单位：（章）

图5-1　增值税专用发票发票联

【例5-2】 广东佳信贸易有限公司2017年7月3日向美国凯特电器有限公司出口电热壶1 000台，电饭锅500台，国内港口FOB价格27 000美元，当日美元汇率为USD 100=CNY 688.30。该公司账务处理如下：

（1）确认销售收入

借：应收账款——应收外汇账款（美国凯特公司）（USD27 000×6.883）185 841

　　贷：主营业务收入——自营出口销售收入（电热壶）　103 245

　　　　　　　　　　——自营出口销售收入（电饭锅）　82 596

附原始凭证3张：增值税普通发票（图5-2）、出口货物报关单（略）。

（2）结转销售成本

借：主营业务成本——自营出口销售成本　143 000

　　贷：发出商品——电饭锅　81 000

　　　　　　　　——电热壶　62 000

附原始凭证1张：库存商品出入库明细表（略）。

4601041141　　**广东增值税专用发票**　　No 031161201

此联不作报销、扣税凭证使用

开票日期：2017 年 07 月 3 日

购货单位	名　　称：美国凯特电器有限公司（Kate Electronics Co. Ltd., U.S.A.） 纳税人识别号： 地 址、电 话： 开户行及账号：	密码区	（略）				
货物或应税劳务、服务名称	规格型号	单位	数量	单价	金额	税率	税额
电热壶		台	1 000	103.25	103 245	***	***
电饭锅		台	500	165.19	82 596	***	***
合计					¥185 841		***
价税合计（大写）	⊗壹拾捌万伍仟捌佰肆拾壹元整				（小写）¥185 841		
销货单位	名　　称：广东佳信贸易有限公司 纳税人识别号：440703256268224 地 址、电 话：惠州市仲恺大道 248 号 88328688 开户行及账号：中国建设银行惠州仲恺支行 71682674152	备注	美元金额：27 000　合同号：JX161201 发运港：深圳　　目的地：美国 运输方式：水路运输 贸易方式：一般贸易				

收款人：　　复核：李帆　　开票人：刘树林　　销货单位：（章）

第一联　记账联　销货方记账凭证

图 5-2　增值税普通发票记账联

【例 5-3】承例 5-2，7 月 20 日，广东佳信贸易有限公司收到银行转来 USD 27 000 收汇通知，收妥销售货款结汇，当日美元汇率中间价为 USD 100=CNY 695.06，买入价为 USD 100＝CNY 694.34。该公司账务处理如下：

（1）收汇的分录

借：银行存款——美元户　　（USD 27 000×6.9506）187 666.20

　　贷：应收账款——应收外汇账款（美国凯特公司）　　185 841

　　　　财务费用——汇兑损益　　1 825.20

附原始凭证 3 张：收汇凭证、国际结算贷记通知和涉外收入申报单（略）。

（2）结汇的分录

借：银行存款——人民币户　　（USD 27 000×6.9434）187 471.80

　　财务费用——汇兑损益　　194.40

　　贷：银行存款——美元户　　187 666.20

附原始凭证 3 张：结汇凭证、国内支付业务付款回单和外汇活期转账/结汇凭条（略）。

【例 5-4】承例 5-2，2017 年 8 月 10 日，申报出口退税，电热壶、电饭锅出口退税率为 17%。账务处理如下：

增值税应退税额＝出口货物的购进金额（不含增值税）×退税率

＝143 000×17%＝24 310（元）

借：应收出口退税款　　24 310

　　贷：应交税费——应交增值税（出口退税）　　24 310

广东佳信贸易有限公司退税员及时将退税资料按以下顺序整理齐全，并提交退税部门办理退税申请：

1）外贸企业出口货物退税汇总申报表（表5-1）。

表5-1 外贸企业出口货物退税汇总申报表

（适用于增值税一般纳税人）

申报年月：2017年7月　　　　申报批次：01

纳税人识别号：　　　　海关代码：

纳税人名称（公章）：　　　　申报日期：2017年08月10日　　　　金额单位：元至角分、美元

出口企业申报				
出口退税出口明细申报表	1	份，记录		1条
出口发票	1	张，出口额	27 000	美元
出口报关单	1	张，		
代理出口货物证明		张，		
收汇核销单	1	张，收汇额	27 000	美元
远期收汇证明		张，其他凭证		张
出口退税进货明细申报表	1	份，记录		1条
增值税专用发票	1	张，其中非税控专用发票		张
普通发票		张，专用税票		张
其他凭证		张，总进货金额	143 000	元
总进货税额	24 310	元，		
其中：增值税	24 310	元，消费税		元
本月申报退税额	24 310	元，		
其中：增值税	24 310	元，消费税		元
进料应抵扣税额		元，		
申请开具单证				
代理出口货物证明		份，记录		条
代理进口货物证明		份，记录		条
进料加工免税证明		份，记录		条
来料加工免税证明		份，记录		条
出口货物转内销证明		份，记录		条
补办报关单证明		份，记录		条
补办收汇核销单证明		份，记录		条
补办代理出口证明		份，记录		条
内销抵扣专用发票		张，其他非退税专用发票		张
申报人申明				
此表各栏目填报内容是真实、合法的，与实际出口货物情况相符。此次申报的出口业务不属于"四自三不见"等违背正常出口经营程序的出口业务。否则，本企业愿承担由此产生的相关责任。 企业填表人：刘树林 财务负责人：李帆　（公章） 企业负责人：何宁　2017年08月10日				

主管退税机关审核	
审单情况	机审情况
	本次机审通过退增值税额　元 其中：上期结转疑点退增值税　元 本期申报数据退增值税　元 本次机审通过退消费税额　元 其中：上期结转疑点退消费税　元 本期申报数据退消费税　元 本次机审通过退消费税额　元 结余疑点数据退消费税　元 结余疑点数据退消费税　元
	授权人申明
	（如果你已委托代理申报人，请填写下列资料） 为代理出口货物退税申报事宜，现授权为本纳税人的代理申报人，任何与本申报表有关的往来文件都可寄予此人。 授权人签字　（盖章）
审单人：	审核人： 年　月　日
签批人：　（公章） 年　月　日	

受理人：　　　　受理日期：　年　月　日　　　　受理税务机关（签章）

2）外贸企业出口退税进货明细申报表（表5-2）。

3）外贸企业出口退税出口明细申报表（表5-3）。

表 5-2 外贸企业出口退税进货明细申报表

企业代码：
企业名称（章）：
纳税人识别号：440703256268224　　所属期：2017 年 07 月　申报批次：01　　金额单位：元至角分

序号	关联号	税种	进货凭证号	开票日期	商品代码	商品名称	计量单位	数量	计税金额	征税率/%	征税税额	退税率/%	应退税额	专用税票号	备注
1	1234560001	/	46010411410311131003	2016.12.03	85166030	电饭锅	台	500	81 000	17	13 770	17	13 770		
2	1234560002	/	46010411410311131003	2016.12.03	85161000	电热壶	台	1 000	62 000	17	10 540	17	10 540		
合计		/	46010411410311131003	2016.12.03					143 000	17	24 310	17	24 310		

企业填表人：刘树林　　财务负责人：李帆　　企业负责人：何宁　　制表日期：2017 年 08 月 10 日　　第 1 页

表 5-3　外贸企业出口退税出口明细申报表

企业代码：

企业名称（章）：

纳税人识别号：440703256268224　　　所属期：2017 年 07 月　申报批次：01　　　金额单位：元至角分、美元

序号	关联号	出口发票号	报关单号	出口日期	核销单号	商品代码	商品名称	计量单位	美元离岸价	出口数量	出口进货金额	退税率/%	应退增值税税额	应退消费税税额	代理证明号	进料加工手册号	备注
1	1234560001	31161301	123457880908000236	2016.12.03		85166030	电饭锅	台	12 000	500	81 000	17	13 770				
2	1234560002	31161301	123457880908000236	2016.12.03		85161000	电热壶	台	15 000	1 000	62 000	17	10 540				
合计		31161301	123457880908000236	2016.12.03					27 000		143 000	17	24 310				

企业填表人：刘树林　　　财务负责人：李帆　　　企业负责人：何宁

4）广东增值税专用发票（第二联：抵扣联）（图 5-3）。

4601041141 **广东增值税专用发票** No 031131003

抵 扣 联

开票日期：2017 年 07 月 03 日

购货单位	名称：广东佳信贸易有限公司 纳税人识别号：440703256268224 地址、电话：惠州市仲恺大道 248 号 88328688 开户行及账号：中国建设银行惠州仲恺支行 71682674152				密码区	（略）	
货物或应税劳务、服务名称	规格型号	单位	数量	单价	金额	税率	税额
电饭锅		台	5 00	162.00	81 000	17%	13 770
电热壶		台	1 000	62.00	62 000	17%	10 540
合计					¥143 000		¥24 310
价税合计（大写）	⊗壹拾陆万柒仟叁佰壹拾元整				（小写）¥167 310		
销货单位	名称：广东倍家科技有限公司 纳税人识别号：440703256268024 地址、电话：惠州市仲恺大道 248 号 88327589 开户行及账号：中国建设银行惠州仲恺支行 71682674052				备注		

收款人：谢惠新 复核：杨晓梅 开票人：王耀林 销货单位：（章）

第二联 抵扣联 购货方抵扣凭证

图 5-3 广东增值税专用发票（第二联：抵扣联）

5）广东增值税普通发票（第四联）（图 5-4）。

4601041141 **广东增值税普通发票** No 031161301

此联不作报销、扣税凭证使用

开票日期：2017 年 07 月 03 日

购货单位	名称：美国凯特电器有限公司 （Kate Electronics Co. Ltd., U.S.A.） 纳税人识别号： 地址、电话： 开户行及账号：				密码区	（略）	
货物或应税劳务、服务名称	规格型号	单位	数量	单价	金额	税率	税额
电热壶		台	1 000	103.25	103 245	***	***
电饭锅		台	500	165.19	82 596	***	***
合计					¥185 841		***
价税合计（大写）	⊗壹拾捌万伍仟捌佰肆拾壹元整				（小写）¥185 841		
销货单位	名称：广东佳信贸易有限公司 纳税人识别号：440703256268024 地址、电话：惠州市仲恺大道 248 号 88328688 开户行及账号：中国建设银行惠州仲恺支行 71682674 1 52				备注	美元金额：27 000 合同号：JX161201 发运港：深圳 目的地：美国 运输方式：水路运输 贸易方式：一般贸易	

收款人：杨明慧 复核：李帆 开票人：刘树林 销货单位：（章）

第四联

图 5-4 广东增值税普通发票（第四联）

做一做 5-1

广东美味贸易有限公司（外贸企业）2017年7月发生以下经济业务:

1）购进沙茶酱一批出口，取得增值税专用发票一张，注明收购金额为60 068.38元，进项税额为10 211.62元，出口沙茶酱的退税率为15%。

2）从小规模纳税人处购入麻纱一批用于出口。金额60 000元（含税），小规模纳税人开来普通发票。麻纱出口退税率为11%。

公司已将上述货物出口完毕，有关出口退税的全套凭证已经备齐。请进行账务处理。

5.2.2 生产企业出口货物免、抵、退增值税的计算与会计核算

1. 生产企业免抵退增值税的基本程序

生产企业自营或委托外贸企业代理出口自产货物，一律实行免、抵、退税管理办法。生产企业在货物出口时开具增值税普通发票并在会计上做销售后，在次月纳税申报期内（一般规定每月15日前，逢节假日顺延）向主管税务机关申报该所属期的增值税。办理完增值税纳税申报并且等待出口报关的电子数据由海关部门传输到税务机关部门后，在每月纳税申报期内向主管税务机关申报“免、抵、退”税。

2. 生产企业出口货物“免、抵、退”税的计税依据

生产企业出口货物的“免、抵、退”税的计税依据为出口货物的实际离岸价（FOB价）。出口货物FOB价格以出口发票计算的FOB价格为准。

3. 生产企业免、抵、退税的计算

第一步：免，免征出口环节增值税。

第二步：剔，计算公式为

当期不得免征和抵扣税额＝（出口货物离岸价×外汇人民币折合率
－当期免税购进原材料价格）
×（出口货物适用税率－出口货物退税率） (5-5)

第三步：抵，计算公式为

当期应纳税额＝当期内销货物的销项税额－（当期全部进项税额
－当期不得免征和抵扣税额）－上期留抵税额 (5-6)

如果当期应纳税额＞0，是当期应纳税额，如果当期应纳税额＜0，则是当期期末留抵税额。

第四步：退，计算公式为

（1）计算免抵退税总额

当期免抵退税额=（当期出口货物离岸价×外汇人民币折合率
－当期免税购进原材料价格）×出口货物退税率 (5-7)

（2）计算当期应退税额和免抵退税额

1）当期期末留抵税额≤当期免抵退税额，则

当期应退税额＝当期期末留抵税额 (5-8)

当期免抵税额＝当期免抵退税额－当期应退税额　　(5-9)

2）当期期末留抵税额＞当期免抵退税额，则

当期应退税额＝当期免抵退税额　　(5-10)

当期免抵税额＝0　　(5-11)

4. 生产企业出口货物“免、抵、退”税的账户设置

（1）会计账户的设置

生产企业“免、抵、退”税的会计核算，主要涉及免税出口销售收入、不得抵扣税额、应交税费、免抵退税货物不得抵扣税额抵减额、出口货物免抵税额、应退税额及免抵退税额的调整等会计核算。要进行免抵退税的会计核算，须合理设置下列有关明细账户：

1）“出口抵减内销产品应纳税额”明细账户。企业货物出口后，按规定计算的应免抵退税额，借记本账户，贷记“应交税费——应交增值税（出口退税）”账户。

2）“出口退税”明细账户。记录企业凭有关单证向税务机关申报办理出口退税而应收的出口退税款及应免抵税额。出口货物应退回的增值税额，用蓝字记贷方，退税后又发生退货、退关而补缴已退税款时，用红字记贷方。

3）“进项税额转出”明细账户。企业在核算出口货物免税收入的同时，对免税收入按征退税率之差计算的“不得抵扣税额”，借记“主营业务成本”账户，贷记本明细账户。

4）“转出多交增值税”明细账户。其月末转出数为当期期末留抵税额。月末将其余额全部转出，转出后，无余额。

（2）销售账簿的设置

生产企业产品销售应按内、外销分别设账，并按不同征税率、不同退税率的出口销售分设账页。

5. “免、抵、退”增值税的会计核算

【例 5-5】广东倍家科技有限公司生产电饭锅，2017 年 7 月份共销售 1 100 台，其中 600 台出口给美国凯特电器有限公司，国内港口 FOB 价格 16 800 美元，外汇牌价 USD 100=CNY 650；内销电饭锅 500 台，内销金额 90 000 元，增值税税率为 17%，货款尚未收到。当月购进生产电饭锅材料 225 000 元，增值税进项税额为 38 250 元。电饭锅成本为每台 110 元。公司上月期末留抵税额为 0 元，无免税购进原材料的情况，电饭锅退税率为 17%。该账务处理如下：

（1）购进材料时

借：原材料　　225 000

　　应交税费——应交增值税（进项税额）　　38 250

　　贷：银行存款　　263 250

附原始凭证 2 张：增值税专用发票和支票（略）。

（2）电饭锅出口时

借：应收账款——应收外汇账款（美国凯特电器有限公司）（USD 16 800×6.50）

　　109 200

　　贷：主营业务收入——自营出口销售收入（电饭锅）　　109 200

附原始凭证2张：增值税普通发票和出口货物报关单（略）。

（3）结转出口电饭锅成本

借：主营业务成本——自营出口销售成本（电饭锅）　　66 000

　　贷：发出商品——电饭锅　　66 000

附原始凭证1张：库存商品出入库明细表（略）。

（4）内销时

借：应收账款　　90 000

　　贷：主营业务收入——内销销售收入（电饭锅）　　90 000

　　　　应交税费——应交增值税（销项税额）　　15 300

附原始凭证1张：增值税专用发票（略）。

（5）结转内销电饭锅成本

借：主营业务成本——内销销售成本（电饭锅）　　55 000

　　贷：库存商品——电饭锅　　55 000

附原始凭证1张：产品出库单（略）。

（6）该公司出口免、抵、退税额的计算

当月不得免征和抵扣税额＝600×28×6.50×（17%－17%）＝0（元）

当期应纳税额＝500×180×17%－38 250－0＝－22 950（元）

当期期末留抵税额＝22 950（元）

当期免抵退税额＝600×28×6.5×17%＝18 564（元）

当期应退税额＝当期免抵退税额＝18 564（元）

月末留抵结转下期继续抵扣税额＝22 950－18 564＝4 386（元）

1）按规定计算的应收出口退税额，并于次月15日前申报出口免抵退税：

借：应收出口退税款　　18 564

　　贷：应交税费——应交增值税（出口退税）　　18 564

附免抵退税申报汇总表（表5-4）。

表5-4　免抵退税申报汇总表

海关企业代码：4407032562

纳税人名称：（公章）广东倍家科技有限公司

纳税人识别号：440703256268024　　所属期：2017年07月　　金额单位：元至角分

项目		栏次	当期 (a)	本年累计 (b)	与增值税纳税申报表差 (c)
一、出口额	免抵退出口货物销售额（美元）	1＝2＋3	16 800	16 800	
	其中：免抵退出口货物销售额（美元）	2	16 800	16 800	
	应税服务免抵退税营业额（美元）	3			
	免抵退出口货物劳务销售额	4			
	支付给非试点纳税人营业价款	5			
	免抵退出口货物计税金额	6＝4－5＝7＋8＋8＋10	109 200	109 200	

续表

项目		栏次	当期	本年累计	与增值税纳税申报表差
			（a）	（b）	（c）
一、出口额	其中：单证不齐或信息不齐出口货物销售额	7			
	单证信息齐全出口货物销售额	8	109 200	109 200	
	当期单证齐全应税服务免抵退税计税金额	9			
	当期单证不齐应税服务免抵退税计税金额	10			
	前期出口货物单证信息齐全销售额	11			
	前期应税服务单证齐全免抵退税计税金额	12			
	全部单证信息齐全出口货物销售额	13=8+11	109 200	109 200	
	全部单证齐全应税服务免抵退税计税金额	14=9+12			
	免税出口货物劳务销售额（美元）	15			
	免税出口货物劳务销售额	16			
	全部退（免）税出口货物劳务销售额（美元）	17=1+15	16 800	16 800	
	全部退（免）税出口货物劳务销售额	18	109 200	109 200	
	全部退（免）税出口货物劳务销售额	19			
	出口销售额乘征退税率之差	20=21+22			
二、不得免征和抵扣税额	其中：出口货物销售额乘征退税率之差	21			
	应税服务免抵退税计税金额乘征退税率之差	22			
	上期结转免抵退税不得免征和抵扣税额抵减额	23			
	免抵退税不得免征和抵扣税额抵减额	24			
	免抵退税不得免征和抵扣税额	25			
	结转下期免抵退税不得免征和抵扣税额抵减额	26=23+24−20+25			
三、应退税额和免抵税额	免抵退税计税金额乘退税率	27=28+29	18 564	18 564	
	其中：出口货物销售额乘退税率	28	18 564	18 564	
	应税服务免抵退税计税金额乘退税率	29			
	上期结转免抵退税额抵减额	30			
	免抵退税额抵减额	31			
	免抵退税额	32	18 564	18 564	
	结转下期免抵退税额抵减额	33=30+31−27+32			
	增值税纳税申报表期末留抵税额	34			
	计算退税的期末留抵税额	35=34−25c			
	当期应退税额	36	18 564	18 564	
	当期免抵税额	37=32−36			

出口企业申明	授权人申明	主管税务机关
此表格栏填报内容是真实、合法，与实际出口货物情况相符。此次申报的出口业务不属于“四自三不见”等违背正常出口程序的出口业务。否则，本企业愿意承担由此产生的相关责任 办税人： 财务负责人： 法定代表人（负责人）： 年 月 日	（如果你已委托代理申报人，请填写下列资料） 为代理出口货物退税申报事宜，现授权为本纳税人的代理申报人，任何与本申报表有关的往来文件都可寄与此人 授权人签字： （盖章） 年 月 日	经办人： 复核人： 负责人： 年 月 日

注：①本表一式四联，退税部门审核后反给企业二联，其中一联作为下期《增值税纳税申报表》附表，退税部门存留一联，报上级退税机关一联；②第（c）列“与增值税纳税申报表差额”为退税部门审核确认的第（b）列“累计”申报数减《增值税纳税申报表》对应项目的累计数的差额，企业应做相应账务调整，在下期增值税纳税申报时对《增值税纳税申报表》进行调整。

2）结转下期继续抵扣税额：

借：应交税费——未交增值税 4 386

　　贷：应交税费——应交增值税（转出多交增值税） 4 386

附原始凭证1张：内部转账单（略）。

3）收到出口退税款：

借：银行存款 18 564

　　贷：应收出口退税款 18 564

要点回顾

1）我国的出口货物、劳务和跨境应税行为退（免）增值税，是对我国报关出口的货物、劳务和跨境应税行为退还或免征其在国内各生产和流通环节按税法规定缴纳的增值税，即应征收增值税的出口货物、劳务和跨境应税行为实行零税率（国务院另有规定除外）。

2）我国采取出口退税与免税相结合的政策，分为三种形式：出口免税并退税、出口免税不退税、出口不免税也不退税。

3）生产企业出口的自产或视同自产货物，适用“免、抵、退”税办法；外贸企业适用“免、退”税办法。

4）除财政部和国家税务总局根据国务院决定而明确的增值税出口退税率（以下称退税率）外，出口货物的退税率为其适用税率。

5）外贸企业出口货物增值税退（免）税的计税依据为购进出口货物的增值税专用发票注明的金额（不含增值税，下同）或海关查扣增值税专用缴款书注明的完税价格。计算公式如下：

增值税应退税额＝出口货物的购进金额（不含增值税）×退税率

出口货物的购进金额＝出口货物数量×出口货物的购进单价或加权平均购进单价

出口货物不予退税的税额＝出口货物的购进金额×（增值税税率－增值税退税率）

＝出口货物的进项税额-增值税应退税额

6）外贸企业从小规模纳税人购进特准退税的出口货物（抽纱、工艺品、香料油、山货、草柳竹藤制品、渔网渔具、松香、五倍子、生漆、鬃尾、山羊板皮、纸制品等）用于出口的，特准予退税。应按下列公式计算应退税额：

$$\text{退税额}=\frac{\text{普通发票所列销售额（含增值税）}}{1+\text{征收率}}\times\text{退税率}$$

公式中的退税率为小规模纳税人征收率，如果取得增值税专用发票的，退税率按照增值税专用发票上的税率和出口货物退税率孰低的原则确定。

7）外贸企业按照规定的退税率计算应收的出口退税时，借记“应收出口退税款”账户，贷记“应交税费——应交增值税（出口退税）”账户；收到出口退税款时，借记“银行存款”账户，贷记“应收出口退税款”账户。按照出口货物购进时取得的增值税专用发票上记载的进项税额或应分摊的进项税额，与按照国家规定的退税率计算的应退税额的差额，借记“主营业务成本”账户，贷记“应交税费——应交增值税（进项税额转出)”账户。

8)生产企业出口货物的“免、抵、退”税的计税依据为出口货物的实际离岸价(FOB价)。出口货物FOB价以出口发票计算的FOB价为准。

能力训练

一、单项选择题

1．外贸企业出口货物，如果取得增值税专用发票的，退税率按照增值税专用发票上的税率和出口货物退税率(　　)的原则确定。

A．孰高　　B．孰低

C．企业自行选择　　D．根据情况，有时从高，有时从低

2．外贸企业收购货物出口，征、退税之差记入(　　)账户。

A．应交税费　　B．主营业务收入

C．主营业务成本　　D．库存商品

3．某外贸公司3月份购进出口货物情况如下：①第一次购电风扇500台，不含税单价150元；第二次购进200台，不含税单价148元(均已取得增值税专用发票)。②将外购的电风扇700台报关出口，国内港口FOB价14 000美元，此笔出口已收汇并做销售处理。当日美元汇率中间价为USD 100=CNY 700，退税率为15%。该笔出口业务应退增值税为(　　)元。

A．15 750　　B．17 640　　C．1 168.50　　D．15 690

4．某电器生产企业自营出口自产货物，10月末计算的期末留抵税款为19万元，当期免抵退税额为15万元，则当期应退税款为(　　)万元。

A．0　　B．6　　C．15　　D．19

5．生产企业出口货物的“免、抵、退”税的计税依据为出口货物(　　)。

A．CIF价　　B．FOB价

C．FOB价-出口关税　　D．CIF价-出口关税

二、多项选择题

1．我国采取出口退税与免税相结合的政策，包括(　　)。

A．出口免税并退税　　B．出口免税不退税

C．出口不免税也不退税　　D．出口不免税但退税

2．外贸企业从小规模纳税人购进特准退税的(　　)货物出口，特准予退税。

A．抽纱　　B．工艺品　　C．渔网渔具　　D．山货

3．外贸企业申报出口退税需要提供的资料包括(　　)等。

A．外贸企业出口退税汇总申报表

B．广东增值税专用发票(第二联：抵扣联)

C．广东增值税专用发票(第四联)

D．外贸企业出口退税出口明细申报表

4．生产企业要进行“免、抵、退”税的会计核算，须合理设置（　　）等有关明细账户。

A.“出口抵减内销产品应纳税额”　　B.“出口退税”

C.“进项税额转出”　　D.“转出多交增值税”

三、判断题

1．增值税出口退税可由企业选择“免、抵、退”税办法或“免、退”税方法。（　　）

2．外贸企业出口货物增值税退（免）税的计税依据为购进出口货物的增值税专用发票注明的不含增值税的金额。（　　）

3．生产企业在货物出口时开具增值税普通发票并在会计上做销售后，在次月纳税申报期内（一般规定每月10日前）向主管税务机关申报该所属期的增值税。（　　）

4．生产企业实行“免、抵、退”税，如果当期应纳税额小于0，则是当期期末留抵税额。（　　）

四、业务核算题

1．某外贸企业2016年3月出口美国平纹布2 000米，进货增值税专用发票列明单价20元，计税金额40 000元，增值税税率17%，退税税率15%。

要求：进行相关账务处理。

2．某外贸企业于2016年1月购进农用柴油机5台，并取得增值税专用发票，单价为20 000元，共计金额为100 000元，增值税税额为17 000元，当年4月报关出口4台，农用柴油机退税率为13%。

要求：进行相关账务处理。

第 6 章　企业所得税会计

【目的要求】

1. 掌握居民纳税人、非居民纳税人的判定标准;
2. 能根据业务资料计算应纳税所得额;
3. 能根据业务资料进行纳税调整，计算应纳税额;
4. 掌握企业所得税的会计处理。

【重点难点】

1. 掌握应税所得额的调整和应交所得税税额的计算;
2. 掌握企业所得税涉税业务的会计处理。

6.1　企业所得税概述

6.1.1　企业所得税的纳税人和征收范围

1. 纳税人

企业所得税的纳税人是在中华人民共和国境内，企业和其他取得收入的组织（以下统称企业），但依照中国法律、行政法规规定成立的个人独资企业及合伙人是自然人的企业除外。企业分为居民企业和非居民企业。

居民企业是指依法在中国境内成立或者依照外国(地区)法律成立但实际管理机构在中国境内的企业。

非居民企业是指依照外国（地区）法律成立且实际管理机构不在中国境内，但在中国境内设立机构、场所的，或者在中国境内未设立机构、场所，但有来源于中国境内所得的企业。

2. 征收范围

企业所得税的征收范围包括我国境内的企业和组织取得的生产经营所得和其他所得。

居民企业应当就其来源于中国境内、境外的所得缴纳企业所得税。“所得”包括销售货物所得、提供劳务所得、转让财产所得、股息红利等权益性投资所得、利息所得、租金所得、特许权使用费所得、接受捐赠所得和其他所得。

非居民企业在中国境内设立机构、场所的，应当就其所设机构、场所取得的来源于中国境内的所得，以及发生在中国境外但与其所设机构、场所有实际联系的所得，缴纳企业所得税。

非居民企业在中国境内未设立机构、场所的，或者虽设立机构、场所但取得的所得与其所设机构、场所没有实际联系的，应当就其来源于中国境内的所得缴纳企业所得税。

3. 企业所得税的税率

企业所得税实行比例税率，具体有以下四种情况：

1）居民企业和在中国境内设立机构、场所且其所得与机构、场所有关联的非居民企业，适用税率为25%。

2）非居民企业在中国境内未设立机构、场所，或者虽设立机构、场所，但其取得的所得与其所设机构、场所没有实际联系的，其适用税率为20%。但可享受减半征收优惠，实际税率为10%。

3）符合条件的小型微利企业，适用税率为20%。

4）国家需要重点扶持的高新技术企业，适用税率为15%。

知识拓展 6-1：财政部、税务总局关于扩大小型微利企业所得税优惠政策范围的通知

6.1.2 企业所得税的税收优惠政策

我国现行《企业所得税法》遵循“产业优惠为主，区域优惠为辅”的原则制定相关优惠政策，主要税收优惠政策有：

1. 免税收入

（1）国债利息收入

企业持有国务院财政部门发行的国债取得的利息收入免征企业所得税。

（2）符合条件的居民企业之间的股息、红利等权益性投资收益

居民企业直接投资于其他居民企业取得的权益性投资收益免征企业所得税。所称股息、红利等权益性投资收益不包括连续持有居民企业公开发行并上市流通的股票不足12个月取得的投资收益。

（3）符合条件的非营利组织的收入

符合条件的非营利组织取得的捐赠收入、不征税收入以外的政府补助收入、会费收入、不征税收入和免税收入孳生的银行存款利息收入等免征企业所得税。非营利组织主要包括事业单位、社会团体、基金会、民办非企业单位、宗教活动场所等。

2. 减计收入

（1）综合利用资源生产产品取得的收入

企业以《资源综合利用企业所得税优惠目录》规定的资源为主要原材料，生产国家非限制和禁止并符合国家和行业相关标准的产品取得的收入，减按90%计入收入总额。

（2）金融、保险等机构取得的涉农利息、保费收入

对金融机构农户小额贷款的利息收入在计算应纳税所得额时，按 90%计入收入总额。对保险公司为种植业、养殖业提供保险业务的保费收入，在计算应纳税所得额时，按 90%计入收入总额。

（3）取得的中国铁路建设债券利息收入

企业持有中国铁路建设等企业债券取得的利息收入，减半征收企业所得税。

3. 加计扣除

（1）开发新技术、新产品、新工艺发生的研究开发费用加计扣除

企业为开发新技术、新产品、新工艺发生的研究开发费用，未形成无形资产计入当期损益的，在按照规定据实扣除的基础上，按照研究开发费用的 50%加计扣除；形成无形资产的，按照无形资产成本 150%摊销。

知识拓展 6-2：所得减免优惠

对从事文化产业支撑技术等领域的文化企业，开发新技术，开产品，新工艺发生的研究开发费用，允许按照税收法律法规的规定在计算应纳税所得额时加计扣除。

新出台的国务院六项减税政策明确，提高科技型中小企业研究开发费用税前加计扣除比例，将科技型中小企业开发新技术、新产品、新工艺实际发生的研发费用在企业所得税税前加计扣除的比例，由 50%提高至 75%。

（2）支付残疾人员工资加计扣除

企业安置残疾人员的，在按照支付给残疾职工工资据实扣除的基础上，按照支付给残疾职工工资的 100%加计扣除。

6.2 企业所得税应纳税所得额的计算

应纳税所得额，是指纳税人每一纳税年度的收入总额减除不征税收入、免税收入、各项扣除及允许弥补的以前年度亏损后的余额。实际工作中，通常是在会计利润总额的基础上，加减纳税调整额及相关项目金额后计算出应纳税所得额。其计算公式为

应纳税所得额＝收入总额－不征税收入－免税收入－各项扣除
－允许弥补的以前年度亏损＝会计利润总额
＋纳税调整增加额－纳税调整减少额 （6-1）

6.2.1 利润总额的确定

利润，是指企业在一定会计期间的经营成果。其计算公式为

利润总额＝营业收入－营业成本－税金及附加－期间费用－资产减值损失
＋公允价值变动收益＋投资收益＋营业外收入－营业外支出 （6-2）

6.2.2 收入类调整项目

视同销售收入是指会计上不作销售核算，而税法上应作为计税收入计算企业所得税收入。

《企业所得税法》规定：企业发生非货币性资产交换，以及将货物、财产、劳务用于捐赠、偿债、赞助、集资、广告、样品、职工福利或利润分配等用途的，应当视同销售货物、转让财产或提供劳务，但国务院财政、税务主管部门另有规定的除外。

国家税务总局对企业处置资产是否作为企业所得税视同销售处理，以“资产所有权属在形式和实质上是否改变”为原则，具体明确如下：

1）企业发生下列情形的处置资产，除将资产转移至境外以外，由于资产所有权属在形式和实质上均不发生改变，应作为内部处置资产，不视同销售确认收入，相关资产的计税基础延续计算：将资产用于生产、制造、加工另一产品；改变资产形状、结构或性能；改变资产用途；将资产在总机构及分支机构之间转移；上述两种或两种以上情形的混合，其他不改变资产所有权属的用途。

2）企业将资产移送他人的下列情形，因资产所有权属已发生改变，应按视同销售确定收入：用于市场推广或销售；用于交际应酬；用于职工奖励或福利；用于股息分配；用于对外捐赠；其他改变所有权属的用途。

知识拓展 6-3：收入类调整的其他项目

3）视同销售行为的计税收入额按下列规定确认：企业自制的资产，按企业同类资产同期对外销售价格确定销售收入；外购的资产，按购入时的价格确定销售收入。

6.2.3 扣除类调整项目

1. 视同销售成本

每一笔被确认为视同销售的业务，在确认视同销售收入的同时，均应确认与之相应的视同销售成本，从而冲减应纳税所得额。

2. 职工薪酬

（1）工薪支出

企业发生的合理的工资、薪金支出，准予在税前扣除。“合理工资薪金”是指企业按照股东大会、董事会、薪酬委员会或相关管理机构制订的工资薪金制度规定实际发放给员工的工资薪金。

（2）职工福利费、工会经费、职工教育经费支出

企业实际发生的满足职工共同需要的集体生活、文化、体育等方面的职工福利费支出，不超过工资薪金总额14%的部分，准予扣除。企业拨缴的工会经费，不超过工资薪金总额 2%的部分，准予扣除。除国务院财政、税务主管部门另有规定外，企业发生的职工教育经费支出，不超过工资薪金总额 2.5%的部分，准予扣除；超过部分，准予在

以后纳税年度结转扣除。超支的“三项费用”支出应调增应纳税所得额。

做一做 6-1

吉祥公司 2017 年工资、薪金实际支出总额为 200 万元；“三项经费”支出合计 43 万元，其中职工福利经费支出 33 万元，工会经费 6 万元，实际发生职工教育经费 4 万元。请分析吉祥公司“三项经费”的税前调整扣除额。

（3）基本社会保险费

企业按照国务院有关主管部门或省级人民政府规定的范围和标准为职工缴纳的基本医疗保险费、基本养老保险费、失业保险费、工伤保险费、生育保险费等基本社会保险费和住房公积金，准予税前扣除，但对提而未缴的部分，不得扣除。

（4）纳税人企业按照国务院有关主管部门或省级人民政府规定的范围和标准为职工缴纳的住房公积金，准予税前扣除。对纳税人实际发生的住房公积金超过规定标准的部分，以及提而未缴的部分，不得扣除。

（5）企业为投资者或职工支付的补充养老保险费、补充医疗保险费在国务院财政、税务主管部门规定的范围和标准内准予扣除。但企业为其投资者或职工向商业保险机构投保的人寿保险或财产保险，不得扣除。

3. 公益性捐赠支出

公益性捐赠是指企业通过公益性社会团体或者县级以上人民政府及其部门，用于公益事业的捐赠支出。捐赠额在年度利润总额 12%以内的部分，准予在计算应纳税所得额时扣除，超过部分不得扣除，非公益性捐赠和直接向受赠者的捐赠也不得扣除。

做一做 6-2

吉祥公司 2017 年“营业外支出”账户中，捐赠支出 56 万元，其中，通过中国希望工程基金会向灾区捐赠 30 万元；通过民政部门向低保户捐赠 20 万元；向某中学直接捐赠 6 万元。该公司 2017 年实现利润总额 356 万元。请按有关规定对吉祥公司的捐赠支出进行纳税调整。

4. 利息支出

企业在生产经营活动中发生的下列利息支出，准予扣除：

1）非金融企业向金融企业借款的利息支出、金融企业的各项存款利息支出和同业拆借利息支出、企业经批准发行债券的利息支出。

2）非金融企业向非金融企业借款的利息支出，不超过按照金融企业同期同类贷款利率计算的数额的部分。

3）对于采用实际利率法确认的与金融负债相关的利息费用，未超期银行贷款利率的部分，可在计算当期应纳税所得额时扣除，超过的部分不得扣除。

5. 罚金、罚款和被没收财物的损失

《企业所得税法》规定，纳税人的各种行政性罚金、罚款和被没收的财务损失，不

得扣除，应调增应纳税所得额。

应当注意的是，税务机关对纳税人征收的税收滞纳金是一种带有惩罚性质的款项，不得扣除，而纳税人按照经济合同的规定支付的违约金、罚金和诉讼费，不属于行政性罚款，允许税前扣除。

6. 业务招待费

企业实际发生的与生产经营活动有关的业务招待费，按照实际发生额的 60%扣除，但最高不得超过当年销售（营业）收入的 5‰。

当年销售（营业）收入是指企业根据国家统一会计制度确认的当年主营业务收入、其他业务收入、以及根据税法规定确认的商品劳务视同销售收入。

做一做　6-3

吉祥公司 2016 年账户资料显示当年实现主营业务收入 6 800 万元，其他业务收入 200 万元；管理费用中列支的业务招待费 45 万元。请按有关规定对吉祥公司的业务招待费进行纳税调整。

7. 广告费和业务宣传费

企业发生的符合条件的广告费和业务宣传费支出，除国务院财政、税务主管部门另有规定外，不超过当年销售（营业）收入 15%的部分，准予扣除；超过部分，准予在以后纳税年度结转扣除。

应当注意的是，企业发生的与生产经营活动无关的各种非广告性赞助支出，不得扣除，应调增应纳所得税额。

做一做　6-4

吉祥公司 2017 年账户资料显示当年实现主营业务收入 6 800 万元，其他业务收入 200 万元；销售费用中列支的广告费和业务宣传费 1 450 万元。请按有关规定对吉祥公司的广告费和业务宣传费支出进行纳税调整。

6.2.4　资产类调整项目

1. 固定资产折旧、摊销

企业所得税法规定，在计算应纳税所得额时，企业应以固定资产计税基础为基数，按税法规定的折旧年限和净残值，选择符合税法规定的折旧方法计算的折旧额，准予扣除。

以下情况将可能导致固定资产税法折旧额（计税折旧）与会计折旧额（会计折旧）不一致，应进行纳税调整：

1）固定资产初始成本与计税基础的差异。

2）固定资产折旧范围的差异。

3）固定资产折旧方法的差异。

4）固定资产折旧年限的差异。

5）固定资产减值的差异。

2. 无形资产摊销费用

企业按照规定计算的无形资产摊销费用，准予扣除。下列无形资产不得计算摊销费用扣除：

1）自行开发的支出已在计算应纳税所得额时扣除的无形资产。

2）自创商誉。

3）与经营活动无关的无形资产。

4）其他不得计算摊销费用扣除的无形资产。

3. 长期待摊费用

企业发生的下列支出作为长期待摊费用，按照规定摊销的，准予扣除：

1）已足额提取折旧的固定资产的改建支出，按照固定资产预计尚可使用年限分期摊销。

2）租入固定资产的改建支出按照合同约定的剩余租赁期限分期摊销。

知识拓展 6-4：亏损弥补应注意的问题

3）固定资产的大修理支出（修理支出达到取得固定资产时计税基础的 50%以上，修理后固定资产使用年限延长 2 年以上），按照固定资产预计尚可使用年限分期摊销。

4）其他应当作为长期待摊费用的支出，如企业在筹建期间发生的开办费等自支出发生月份的次月起，分期摊销，摊销年限不得低于 3 年。

6.2.5 弥补以前年度亏损

《企业所得税法》规定，企业某一纳税年度发生的亏损可以用下一年度的所得弥补；下一年度的所得不足以弥补的，准予向以后年度结转，用以后年度的所得弥补，但结转年限最长不得超过五年。

6.3 企业所得税的计算与会计核算

6.3.1 应纳所得税的计算

《企业的应纳税》所得额乘以适用税率，减去按税收优惠规定的减免税额和抵免税额后的余额，为应纳所得税。其计算公式为

应纳所得税＝应纳税所得额×适用税率－减免税额－抵免税额　　（6-3）

式（6-3）中的减免税额和抵免税额，是指根据《企业所得税法》和国务院的税收优惠规定减征、免征和抵免的应纳税额。

6.3.2 应纳所得税的会计核算

企业一般设置“所得税费用”和“应交税费——应交所得税”账户。

1. “所得税费用”账户

“所得税费用”核算企业根据所得税准则确认的应从当期利润总额中扣除的所得税费用。期末，应将本账户的余额转入“本年利润”账户，结转后本账户应无余额。

2. “应交所得税”账户

“应交所得税”账户是“应交税费”总账账户下的一个重要的明细账户。反映企业所得税的应交、实际上交和退补情况。本账户的贷方反映应交和应补交的所得税，借方反映实际上交和补交的企业所得税；贷方余额反映应交未交的所得税，借方余额反映多交的所得税。企业各个期间应交所得税的金额是根据企业所得税税法规定计算的当期应纳税所得额和现行所得税率计算的企业应缴纳的所得税税款，应当借记“所得税费用”账户，贷记本明细账户。实际缴纳时，借记本明细账户，贷记“银行存款”账户。

【例 6-1】广东佳信贸易有限公司为居民企业，2017 年 7 月发生经营业务如下：取得营业收入 1 303 141 元；发生销售成本 948 600 元；发生销售费用 22 000 元（均为广告费）；管理费用 30 396 元（其中业务招待费 1 696 元）；财务费用 709.20 元；税金及附加 17 411.23 元；营业外收入 3 250 元，营业外支出 5 850 元；计入成本、费用中的实发工资总额 29 000 元，拨缴职工工会经费 800 元，发生职工福利费 5 000 元、发生职工教育经费 1 000 元。该企业计算本年度实际应纳的企业所得税及会计处理如下：

（1）计算 2017 年 7 月企业所得税

会计利润总额＝1 303 141＋3 250－948 600－22 000－30 396－709.2
－17 411.23－5 850＝281 424.57（元）

广告费和业务宣传费最高扣除限额＝1 303 141×15%＝195 471.15（元）

实际发生广告费 22 000 元，小于最高扣除限额，无须进行纳税调整。

业务招待费最高扣除限额＝1 303 141×5‰≈6 515.71（元）

实际发生额的 60%＝1 696×60%＝1 017.60（元）

业务招待费税前扣除限额为 1 017.60 元，

应调整所得额＝1 696－1 017.60＝678.40（元）

工会经费应调增所得额＝800－29 000×2%＝220（元）

职工福利费应调增所得额＝5 000－29 000×14%＝940（元）

职工教育经费应调增所得额＝1 000－29 000×2.5%＝275（元）

应纳税所得额＝281 424.57＋678.4＋220＋940＋275＝283 537.97（元）

2017 年 7 月应预缴企业所得税＝283 537.97×25%≈70 884.50（元）

（2）计提 2017 年 7 月应交所得税

借：所得税费用 70 884.50

贷：应交税费——应交所得税 70 884.50

（3）实际预缴企业所得税

借：应交税费——应交所得税 70 884.50

贷：银行存款 70 884.50

附原始凭证 1 张：电子缴税系统回单（图 6-1）。

惠州市电子缴税系统回单

纳税人名称：广东佳信贸易有限公司　　纳税人编号：440703256268224

付款人名称	广东佳信贸易有限公司	收款人名称	惠州市地方税务局
付款人账号	71682674152	收款人账号	71682165072
付款人开户行	中国建设银行惠州仲恺支行	收款人开户行	国家金库惠州支库
款项内容	企业所得税	电子税票号	013272981
税种	所属期	纳税金额	备注
企业所得税	2017.07.01～2017.07.31	70 884.50	中国建设银行股份有限公司惠州仲恺支行 2017.08.15 办讫章 (2)
合计	—	¥70 884.50	
人民币（大写）	柒万零捌佰捌拾肆元伍角		

经办：　　复核：　　打印日期：2017.08.15

图 6-1　电子缴税系统回单

【例 6-2】广东华达塑胶有限公司为居民企业，2017 年发生经营业务如下：全年取得产品销售收入为 5 600 万元，发生产品销售成本 4 000 万元；其他业务收入 800 万元，其他业务成本 660 万元；取得购买国债的利息收入 40 万元；缴纳非增值税销售税金及附加 300 万元；发生的管理费用 760 万元，其中新技术的研究开发费用为 60 万元，业务招待费用 70 万元，发生财务费用 200 万元；取得直接投资其他居民企业的权益性收益 34 万元（已在投资方所在地按 15%的税率缴纳了所得税）；取得营业外收入 100 万元，发生营业外支出 250 万元（其中含公益性捐款 38 万元）。该企业本年度实际应纳的企业所得税及会计处理如下：

（1）计算 2017 年度企业所得税

利润总额＝5 600＋800＋40＋34＋100－4 000
－660－300－760－200－250
＝370（万元）

国债利息收入免征企业所得税，应调减所得额 40 万元。

技术开发费调减所得额＝60×50%＝30（万元）

按实际发生业务招待费的 60%计算＝70×60%＝42（万元）

按销售（营业）收入的 5‰计算＝（5 600＋800）×5‰＝32（万元）

按照规定税前扣除限制额应为 32 万元，实际应调增应纳税所得额＝70－32＝38（万元）。

取得直接投资其他居民企业的权益性收益属于免税收入，应调减应纳税所得额 34 万元。

捐赠扣除标准＝370×12%＝44.4（万元）

实际捐赠额 38 万元小于扣除标准 44.4 万元，可按实捐数扣除，不做纳税调整。

应纳税所得额标准＝370－40－30＋38-34＝304（万元）

该企业 2016 年应缴纳企业所得税＝304×25%＝76（万元）

（2）计提 2017 年度应交所得税

借：所得税费用　　760 000

　　贷：应交税费——应交所得税　　760 000

6.4　企业所得税的征收与申报

6.4.1　企业所得税的核定征收

1. 企业所得税核定征收的范围

核定征收的具体范围如下：

1）依照税法规定可以不设账或应设而未设账的。

2）只能准确核算收入总额或收入总额能够查实，但其成本费用支出不能准确核算。

3）只能准确核算成本费用支出或成本费用支出能够查实，但其收入总额不能准确核算。

4）收入总额、成本费用支出均不能正确核算，难以查实。

5）虽然能够按规定设置账簿并进行核算，但未按规定保存有关凭证、账簿及纳税资料。

6）未按规定期限办理纳税申报，经税务机关责令限期申报，逾期仍不申报的。

2. 企业所得税征收方式的确定

企业在每年第一季度填列企业所得税征收方式鉴定表（简称鉴定表）一式三份，报主管税务机关审核。

3. 定额缴纳

定额缴纳是指主管税务机关按照一定的标准、程序和方法，直接核定纳税人的年度应纳所得税额，由纳税人按规定进行申报缴纳。

4. 核定应税所得率缴纳

按核定征收方式缴纳企业所得税的企业，在其收入总额或成本费用支出额能够正确核算的情况下，可按国家规定的应税所得率计算应纳税所得额，再计算出应纳税额，据以申报纳税。也就是说，按应税所得率方法核定征收企业所得税的企业，其应交所得税的计算分两步：

第一步，计算应纳税所得额。其计算公式为

$$应纳税所得额=收入总额\times应税所得率=成本费用支出额\div（1-应税所得率）\times应税所得率 \tag{6-4}$$

第二步，计算应纳所得税额。其计算公式为

$$应纳所得税额=应纳税所得额\times企业所得税税率 \tag{6-5}$$

应税所得率不是税率，而是对核定征收企业所得税的企业计算其应纳税所得额（不是应纳所得税额）时预先规定的比例，是企业应纳税所得额占其经营收入的比例。该比例根据各个行业的实际销售利润率或者经营利润率等情况分别测算得出。现行企业所得税应税所得率如表 6-1 所示。

表 6-1 企业所得税应税所得率

行业	应税所得率/%
农、林、牧、渔业	3～10
制造业	5～15
批发和零售贸易业	4～15
交通运输业	7～15
建筑业	8～20
饮食业	8～25
娱乐业	15～30
其他行业	10～30

【例 6-3】某光明运输企业 2017 年营业收入为 100 万元，各项支出为 95 万元，全年发生亏损 9 万元。经主管税务机关核查，该企业支出项目不能准确核算，需采用核定应税所得率征收方式计算所得税，主管税务机关核定该企业的应税所得率为 10%。则该企业年度应纳所得税额计算如下：

应纳税所得额＝100×10%＝10（万元）

企业应交所得税＝10×25%＝2.5（万元）

6.4.2 企业所得税的纳税申报与缴纳

1. 纳税地点

除税收法律、行政法规另有规定外，居民企业以企业登记注册地（企业按照国家有关规定进行登记注册的住所地）为纳税地点；但登记注册地在境外的，以实际管理机构所在地为纳税地点。

非居民企业取得税法规定的所得，以机构、场所所在地为纳税地点。

非居民企业在中国境内未设立机构、场所，或者虽设立机构、场所但取得的所得与其所设机构、场所没有实际联系的，其所得应缴纳的所得税，以扣缴义务人所在地为纳税地点。

2. 纳税申报与缴纳

1）企业所得税按纳税年度计算，纳税年度自公历 1 月 1 日起至 12 月 31 日止。企业在一个纳税年度中间开业，或者终止经营活动使该纳税年度的实际经营期不足 12 个月的，应当以其实际经营期为一个纳税年度。

企业依法清算时，应当以清算期间作为一个纳税年度。

2）企业所得税分月或者分季预缴，由税务机关具体核定每个企业的预缴期间。根据《企业所得税法》规定分月或者分季预缴企业所得税时，应当按照月度或者季度的实际利润额预缴；按照月度或者季度的实际利润额预缴有困难的，可以按照上一纳税年度应纳税所得额的月度或者季度平均额预缴，或者按照经税务机关认可的其他方法预缴。预缴方法一经确定，该纳税年度内不得随意变更。

企业应当自月份或者季度终了之日起 15 日内，向税务机关报送预缴企业所得税纳税申报表，预缴税款。

3）企业所得税的汇算清缴。企业应当自年度终了之日起 5 个月内，向税务机关报送年度企业所得税纳税申报表，并汇算清缴，结清应缴应退税款。

企业在年度中间终止经营活动的，应当自实际经营终止之日起 60 日内，向税务机关办理当期企业所得税汇算清缴。

企业应当在办理注销登记前，就其清算所得向税务机关申报并依法缴纳企业所得税。

企业在纳税年度内无论盈利或者亏损，都应当依照《企业所得税法》规定的期限，向税务机关报送预缴企业所得税纳税申报表、年度企业所得税纳税申报表、财务会计报告和税务机关规定应当报送的其他有关资料。

知识拓展 6-5：企业所得税申报流程

要点回顾

1）企业所得税的纳税人是在中华人民共和国境内，企业和其他取得收入的组织，可分为居民企业和非居民企业。

2）居民企业应当就其来源于中国境内、境外的所得缴纳企业所得税。“所得”包括销售货物所得、提供劳务所得、转让财产所得、股息红利等权益性投资所得、利息所得、租金所得、特许权使用费所得、接受捐赠所得和其他所得。

3）居民企业和在中国境内设立机构、场所且其所得与机构、场所有关联的非居民企业，适用税率为 25%。非居民企业在中国境内未设立机构、场所，或者虽设立机构、场所，但其取得的所得与其所设机构、场所没有实际联系的，其适用税率为 20%。但可享受减半征收优惠，实际税率为 10%。

4）免税收入是指国债利息收入，符合条件的居民企业之间的股息、红利等权益性投资收益和符合条件的非营利组织的收入。

5）利润总额＝营业收入－营业成本－税金及附加－期间费用－资产减值损失＋公允价值变动收益＋投资收益＋营业外收入－营业外支出。

6）纳税调整项目主要有收入类调整项目、扣除类调整项目、资产类调整项目。

7）企业实际发生职工福利费支出，不超过工资薪金总额 14%的部分，准予扣除。企业拨缴的工会经费，不超过工资薪金总额 2%的部分，准予扣除。企业发生的职工教育经费支出，不超过工资薪金总额 2.5%的部分，准予扣除。

8）公益性捐赠是指企业通过公益性社会团体或者县级以上人民政府及其部门，用于公益事业的捐赠支出。捐赠额在年度利润总额 12%以内的部分，准予在计算应纳税所得额时扣除，超过部分不得扣除，非公益性捐赠和直接向受赠者的捐赠也不得扣除。

9）企业实际发生的与生产经营活动有关的业务招待费，按照实际发生额的 60%扣除，但最高不得超过当年销售（营业）收入的 5‰。

10）《企业所得税法》规定，企业某一纳税年度发生的亏损可以用下一年度的所得弥补；下一年度的所得不足以弥补的，准予向以后年度结转，用以后年度的所得弥补，但结转年限最长不得超过5年。

能力训练

一、单项选择题

1．不属于我国企业所得税纳税义务人的是（　　）。
A．在中国境内成立的个人独资企业
B．在境外成立但实际管理机构在我国境内的企业
C．在中国境内成立的外商独资企业
D．在中国境内未设立机构、场所，但有来源于中国境内所得的企业

2．不属于企业所得税征税范围的有（　　）。
A．居民企业来源于境外的所得
B．非居民企业来源于中国境外，且与所设机构没有实际联系的所得
C．非居民企业来源于中国境内的所得
D．在中国境内设立机构、场所的非居民企业取得的境内所得

3．根据《企业所得税法》的规定，以下适用15%的企业所得税税率的是（　　）。
A．在中国境内未设立机构、场所的非居民企业
B．在中国境内设立机构、场所但其所得与所设机构、场所没有实际联系的非居民企业
C．在中国境内设立机构、场所且其所得与所设机构、场所有实际联系的非居民企业
D．国家重点扶持的高新技术企业

4．根据《企业所得税法》的规定，下列项目所得免征企业所得税的有（　　）。
A．种植花卉所得　　B．种植茶料作物所得
C．种植香料作物所得　　D．种植蔬菜所得

5．企业的下列收入项目中，属于应税收入的是（　　）。
A．国债利息收入
B．符合条件的居民企业之间的股息、红利等权益性投资收益
C．符合条件的非营利组织的收入
D．企业债券利息收入

6．下列关于资产计税基础的说法中，错误的是（　　）。
A. 资产的计税基础是指资产在未来期间计税时按税法规定可以税前扣除的金额
B．资产的计税基础是指企业在收回资产账面价值的过程中，计算应纳税所得额时按税法规定可以从应税经济利益中抵扣的金额
C．资产的计税基础＝未来可税前扣除的金额
D．资产的计税基础＝资产的账面价值－未来可税前扣除的金额

二、多项选择题

1．根据《企业所得税法》的规定，以下关于所得来源地确定的表述中，正确的有（　　）。

A．销售货物所得，按交易活动发生地确定

B．股息、红利等权益性投资所得，按分配所得的企业所在地确定

C．提供劳务所得，按劳务发生地确定

D．权益性投资资产转让所得，按被投资企业所在地确定

2．根据《企业所得税法》的规定，以下企业适用 25%税率征收企业所得税的有（　　）。

A．居民企业

B．在中国境内设立机构、场所但其所得与所设机构、场所没有实际联系的非居民企业

C．在中国境内设立机构、场所且其所得与所设机构、场所有实际联系的非居民企业

D．国家重点扶持的高新技术企业

3．下列各项中，属于自项目取得第一笔生产经营收入所属纳税年度起，第一年至第三年免征企业所得税，第四年至第六年减半征收企业所得税的有（　　）。

A．从事国家重点扶持的公共基础设施项目投资经营

B．从事符合条件的环境保护项目

C．从事符合条件的节能节水项目

D．从事符合条件的技术转让

4．根据《企业所得税法》的规定，下列项目中可执行加计扣除的是（　　）。

A．企业安置残疾人员所支付的工资

B．开发新技术、新产品、新工艺发生的研究开发费用

C．企业从事国家需要重点扶持和鼓励的创业投资

D．购进的环境保护专用设备的投资

5．下列关于企业所得税纳税年度及申报期限的表述，正确的有（　　）。

A．纳税年度自公历 1 月 1 日起至 12 月 31 日止

B．在一个纳税年度中间开业，实际经营期不足 12 个月的，应以其实际经营期为一个纳税年度

C．依法清算时，应以清算期间作为一个纳税年度

D．终止经营活动，实际经营期和依法清算在同一个纳税年度的，应当将两者合并为一个纳税年度

6．根据《企业所得税法》的规定，下列关于资产计税基础的说法中正确的有（　　）。

A．自行建造的固定资产，以达到预定可使用状态前发生的支出为计税基础

B．盘盈的固定资产，以同类固定资产的重置完全价值为计税基础

C．外购的固定资产，以购买价款和支付的相关税费及直接归属于使该资产达到预定用途发生的其他支出为计税基础

D．自行开发的无形资产，以开发过程中发生的所有支出为计税基础

三、判断题

1．企业将资产用于市场推广应视同销售资产缴纳企业所得税。（ ）

2．居民企业一般以企业登记注册地为企业所得税的纳税地点。（ ）

3．企业购置用于环境保护、节能节水、安全生产等专用设备的投资额，可以按设备投资额的10%抵免当年及以后年度的应纳税所得额。（ ）

4．企业取得的所有技术服务收入均可暂免征企业所得税。（ ）

5．在中国境内设立的外商投资企业，应就来源于我国境内、境外的所得缴纳所得税。（ ）

6．企业在纳税年度内无盈余或亏损的，无须向税务机关报送企业所得税申报表。（ ）

四、业务核算题

1．2017年度，东方公司取得产品销售收入800万元，劳务收入40万元，出租国有资产租金收入5万元。该企业全年发生的产品销售成本430万元，销售费用80万元，管理费用20万元，财务费用10万元，营业外支出3万元（其中缴纳税收滞纳金1万元），按税法规定缴纳增值税90万元,其他税金7.2万元。按照税法规定，在计算该企业应纳税所得额时，其他准予扣除项目金额为23万元，已知该企业适用所得税税率为25%。

要求：①计算该企业2017年度应纳税所得额，并列出计算过程；②编制计提企业所得税的会计分录。

2．光华百货公司2017年有关账务资料如下：营业收入2 000万元；营业外收入40万元；营业成本1 300万元；税金及附加20万元；增值税支出60万元；管理费用240万元，其中，业务招待费12.5万元；销售费用385万元，其中，广告费325万元；财务费用30万元；营业外支出25万元，其中，通过公益性社会团体向贫困山区捐赠4万元，支付税收滞纳金3万元；在成本、费用中列支的实发工资150万元，拨付工会经费2.5万元，发生职工福利费15.5万元，发生职工教育经费3.8万元。企业适用的所得税税率为25%。

要求：计算企业该年度实际应纳的企业所得税并进行会计处理。

第7章　个人所得税会计

【目的要求】

1. 掌握居民纳税人、非居民纳税人的判定标准；
2. 掌握各类所得适用的个人所得税税率；
3. 能根据业务资料计算应纳个人所得税额；
4. 掌握代扣代缴个人所得税的会计核算。

【重点难点】

1. 各项所得个人所得税应纳税额的计算；
2. 代扣代缴个人所得税涉税业务的会计核算。

7.1　个人所得税概述

7.1.1　个人所得税的概念

个人所得税是以个人（即自然人）取得的各类应税所得为征税对象而征收的一种所得税。

7.1.2　个人所得税纳税人

个人所得税的纳税义务人是在中国境内居住有所得的人，以及不在中国境内居住而从中国境内取得所得的个人，包括中国国内公民，在华取得所得的外籍人员和港、澳、台同胞。个人所得税的纳税义务人，划分为居民和非居民两类。

1. 居民纳税人

居民纳税人是指在中国境内有住所，或者无住所而在境内居住满1年的个人。居民纳税人承担无限纳税义务，应就其来源于中国境内和境外取得的所得缴纳个人所得税。

所谓“在中国境内有住所”，是指因户籍、家庭、经济关系而在中国境内习惯性居住。

所谓“在中国境内居住满1年”，是指在中国境内居住满365天（即公历1月1日至12月31日）。计算居住天数时，对临时离境不扣减在华居住天数。

2. 非居民纳税人

非居民纳税人是指在中国境内无住所又不居住，或者无住所而在境内居住不满1年的个人。非居民纳税人承担有限纳税义务，仅就其从中国境内取得的所得缴纳个人所得税。

7.1.3 个人所得税的纳税范围

个人所得税征税范围是指纳税人取得的各项应税所得，根据《个人所得税法》规定共有 11 项：工资、薪金所得，个体工商户的生产、经营所得，对企事业单位的承包经营、承租经营所得，劳务报酬所得，稿酬所得，特许权使用费所得，利息、股息、红利所得，财产租赁所得，财产转让所得，偶然所得，经国务院财政部门确定征税的其他所得。

7.1.4 个人所得税的税率

1）工资、薪金所得，适用 3%～45%的超额累进税率，其适用税率表如表 7-1 所示。

表 7-1 工资、薪金所得适用税率表

级数	全月应纳税所得额		税率/%	速算扣除数/元
	含税级距	不含税级距		
1	不超过 1 500 元的	不超过 1 455 元的	3	0
2	超过 1 500 元至 4 500 元的部分	超过 1 455 元至 4 155 元的部分	10	105
3	超过 4 500 元至 9 000 元的部分	超过 4 155 元至 7 755 元的部分	20	555
4	超过 9 000 元至 35 000 元的部分	超过 7 755 元至 27 255 元的部分	25	1 005
5	超过 35 000 元至 55 000 元的部分	超过 27 255 元至 41 255 元的部分	30	2 755
6	超过 55 000 元至 80 000 元的部分	超过 41 255 元至 57 505 元的部分	35	5 505
7	超过 80 000 元的部分	超过 57 505 元的部分	45	13 505

2）个体工商户的生产、经营所得和对企事业单位的承包经营、承租经营所得，适用 5%～35%的超额累进税率，其适用税率表如表 7-2 所示。

表 7-2 个体工商户生产、经营所得和对企事业单位的承包、承租经营所得适用税率表

级数	全年应纳税所得额		税率/%	速算扣除数/元
	含税级距	不含税级距		
1	不超过 15 000 元的	不超过 14 250 元的	5	0
2	超过 15 000 元至 30 000 元的部分	超过 14 250 元至 27 750 元的部分	10	750
3	超过 30 000 元至 60 000 元的部分	超过 27 750 元至 51 750 元的部分	20	3 750
4	超过 60 000 元至 100 000 元的部分	超过 51 750 元至 79 750 元的部分	30	9 750
5	超过 100 000 元的部分	超过 79 750 元的部分	35	14 750

知识拓展 7-1：工资、薪金所得适用税率表的有关说明

知识拓展 7-2：个体工商户生产、经营所得和对企事业单位的承包、承租经营所得适用税率表的有关说明

3）劳务报酬所得适用比例税率，税率为20%。对劳务报酬所得一次收入畸高的，可以实行加成征收，即个人取得劳务报酬收入的应纳税所得额一次超过20 000～50 000元的部分，按照税法规定计算应纳税额后，再按照应纳税额加征五成，超过 50 000 元的部分，加征十成。具体劳务报酬所得适用税率如表7-3所示。

知识拓展7-3：劳务报酬所得适用税率表的有关说明

表7-3 劳务报酬所得适用税率表

级数	含税级距	不含税级距	税率/%	速算扣除数/元
1	不超过20 000元的	不超过16 000元的	20	0
2	超过20 000元至50 000元的部分	超过16 000元至37 000元的部分	30	2 000
3	超过50 000元的部分	超过37 000元的部分	40	7 000

4）稿酬所得，特许权使用费所得，财产租赁所得，财产转让所得，偶然所得，利息、股息、分红所得、其他所得适用税率如表7-4所示。

表7-4 其他个人所得项目适用税率表

序号	所得项目	扣除相应费用	比例税率/%	备注
1	稿酬所得	每次收入不超过4 000元的，减除费用800元；4 000元以上的，减除20%的费用，其余额为应纳税所得额	20	按应纳税额减征30%
2	特许权使用费所得		20	
3	财产租赁所得		20	
4	财产转让所得	转让财产的收入额减除财产原值和合理费用后的余额为应纳税所得额	20	
5	偶然所得		20	
6	利息、股息、红利所得		20	
7	其他所得		20	

7.1.5 个人所得税的减免

根据《个人所得税法》的规定，下列各项所得免纳个人所得税。

1. 奖金的免税规定

符合下列条件的奖金免征个人所得税：省级人民政府、国务院部委和中国人民解放军年以上单位，以及外国组织颁发的科学、教育、技术、文化、卫生、体育、环境保护等方面的奖金；乡、镇（含乡、镇）以上人民政府或经县（含县）以上人民政府主管部门批准成立的有机构、有章程的见义勇为基金或类似性质组织，经主管税务机关核准，奖励给见义勇为者的奖金或奖品；个人举报、协查各种违法、犯罪行为而获得的奖金。

2. 补贴、津贴的免税规定

下列补贴、津贴免征个人所得税：个人取得的独生子女补贴、托儿补助费、差旅费津贴、误餐补助，以及执行公务员工资制度未纳入基本工资总额的补贴、津贴差额和家属成员的副食品补贴；个人取得的按国务院规定发给的政府特殊津贴、院士津贴、资深院士津贴，以及国务院规定免征个人所得税的其他补贴、津贴。

3. “三险一金”的免税规定

企业和个人按省级以上人民政府规定的比例提取并缴付的住房公积金、医疗保险金、养老保险金、失业保险金免征个人所得税，但超过规定比例缴付的部分应计征个人所得税。

4. 延长离（退）休年龄的高级专家所得的免税规定

对延长离（退）休年龄的高级专家从其劳动人事关系所在单位取得的，单位按国家有关规定向职工统一发放的工资、薪金、奖金、津贴、补贴等收入，视同离（退）休工资，免征个人所得税。但从其劳动人事关系所在单位之外的其他地方取得的培训费、讲课费、顾问费、稿酬等各种收入，应计征个人所得税。

5. 外籍个人免征个人所得税的规定

外籍人员的下列所得免征个人所得税：以非现金形式或实报实销形式取得的住房补贴、伙食补贴、搬迁费、洗衣费；按合理标准取得的境内、外出差补贴；取得的探亲费、语言训练费、子女教育费等，经当地税务机关审核批准为合理的部分；从外商投资企业取得的股息、红利所得。

6. 其他规定

按照国家规定发给干部（职工）的安家费、退职费、退休工资、离休工资、离休生活补助费，以及福利费、抚恤金、救济金；保险赔款；军人的转业费和复员费，生育妇女按县级以上人民政府根据国家有关规定制定的生育保险办法取得的生育津贴、生育医疗费或其他属于生育保险性质的津贴、补贴，免征个人所得税。

7. 个人投资所得的减免税规定

个人投资者从上市公司取得的股息、红利所得，减半缴纳个人所得税；在股权分置改革中，非流通股股东向流通股股东支付对价所涉及的印花税、企业所得税、个人所得税，暂免缴纳。个人将所持境内股票转让所得，暂不缴纳个人所得税，但转让所持境外股票所得，应缴纳个人所得税；投资者（含个人）从基金分配中取得的收入，买卖基金获得的差价收入，在对买卖股票的差价收入未恢复征收个人所得税前，暂不缴纳个人所得税。

8. 储蓄存款利息所得的减免税规定

储蓄存款自 2008 年 10 月 9 日起孳生的利息，暂免缴纳个人所得税。

9. 经国务院财政部门批准免税的所得

根据《个人所得税法》的规定，有下列情况之一的，经批准可以减征个人所得税：
1）残疾、孤老人员和烈属的所得。
2）因严重自然灾害造成重大损失的。
3）其他经国务院财政部门批准减税的。

7.2　个人所得税的计算与会计核算

7.2.1　个人所得税的计税依据

个人所得税的计税依据为个人取得的各项应纳税所得减去按规定标准扣除费用后的余额。个人取得的应纳税所得，包括现金、实物和有价证券。所得为实物的，应按照取得的凭证上的价格计算应纳税所得额；无凭证的实物或者凭证上所注明的价格明显偏低的，由主管税务机关参照当地的市场价格核定应纳税所得额。所得为有价证券的，由主管税务机关根据票面价格和市场价格核定应纳税所得额。

需要说明的是，对个人将其所得通过中国境内非营利的社会团体、国家机关向教育、公益事业和遭受严重自然灾害地区、贫困地区的捐赠，捐赠额不超过应纳税所得额的 30%的部分，可以从其应纳税所得额中扣除。

7.2.2　工资、薪金所得应纳税额的计算与会计核算

1. 工资、薪金所得的具体内容和扣除标准

工资、薪金所得的具体内容包括工资、薪金、年终加薪、劳动分红、奖金、津贴、补贴及与任职或受雇有关的其他所得。其中，工资、薪金、年终加薪、劳动分红一律为应税收入。

知识拓展 7-4：可享受附加扣除费用优惠的人员

工资、薪金所得的费用扣除标准有两种：基本扣除费用和附加扣除费用。自 2011 年 9 月 1 日起，基本扣除费用标准为 3 500 元/月，附加扣除费用标准为 1 300 元/月。

2. 应纳税额的计算与会计核算

工资、薪金所得的计算公式为

$$应纳税所得额＝应税工薪额－扣除费用额 \tag{7-1}$$

$$应纳税额＝应纳税所得额×适用税率－速算扣除数 \tag{7-2}$$

【例 7-1】2017 年 7 月，广东佳信贸易有限公司会计主管李帆当月工资为 7 800 元，缴纳社会保险费 858 元，住房公积金 624 元。公司为李帆计算其 6 月份应缴纳的个人所得税，并进行账务处理如下：

应纳税所得额=7 800－3 500－858－624=2 818（元）

应纳税额=2 818×10%－105=176.80（元）

（1）结转各种代扣代垫款时

借：应付职工薪酬——工资　　1 658.80

　贷：其他应付款——代扣社会保险费　　858

　　　　　　　　——代扣住房公积金　　624

　　　应交税费——应交个人所得税　　176.80

附原始凭证1张：代扣代垫款汇总表（略）。

（2）公司上缴本期代扣的个人所得税，包括李帆等员工共1 768元，账务处理如下：

借：应交税费——应交个人所得税　　1 768

　贷：银行存款　　1 768

附原始凭证1张：电子缴税凭证（图7-1）。

电子缴税凭证

纳税人名称：广东佳信贸易有限公司　　纳税人编号：440703256268224

付款人名称	广东佳信贸易有限公司	收款人名称	惠州市地方税务局
付款人账号	71682674152	收款人账号	71682165072
付款人开户行	中国建设银行惠州仲恺支行	收款人开户行	国家金库惠州支库
款项内容	代扣（地税）税款	电子税票号	013262883
税种	所属期	纳税金额	备注
个人所得税	2017.07.01～2017.07.31	1 768	
合计	—	¥1 768	
人民币（大写）	壹仟柒佰陆拾捌元整		

经办：　　复核：　　打印日期：2017.08.15

图7-1　电子缴税凭证

7.2.3　劳务报酬所得应纳税额的计算与会计核算

劳务报酬所得是指个人独立从事各种非雇佣的劳务活动所取得的所得。劳务报酬所得以纳税人实际提供劳务地为所得来源地。

1. 劳务报酬所得应纳税额的计算

劳务报酬所得按次征税，其应纳税额的计算公式为

（1）每次收入不足4 000元的

应纳税额＝应纳税所得额×适用税率＝（每次收入额－800）×20%　（7-3）

（2）每次收入在4 000元以上的

应纳税额＝应纳税所得额×适用税率

＝每次收入额×（1－20%）×适用税率－速算扣除数　（7-4）

2. 劳务报酬所得应纳税额的会计核算

企业支付给个人的劳务报酬，由企业在向纳税人支付时，代扣代缴个人所得税，并记入企业有关期间费用账户，借记“管理费用”“销售费用”等账户，贷记“应交税

费——应交个人所得税”和“库存现金”账户；实际缴纳个人所得税税款时，借记“应交税费——应交个人所得税”账户，贷记“银行存款”账户。

知识拓展 7-5：取得年终奖金等个人所得税的计算

知识拓展 7-6：劳务报酬所得应纳税所得额应注意的几个问题

做一做　7-1

2017 年 6 月，巨人教育培训中心外聘兼职讲师取得培训费收入 20 000 元，请计算巨人教育培训中心代扣代缴的个人所得税税额，并进行会计处理。

7.2.4　稿酬所得应纳税额的计算与会计核算

稿酬所得是指个人因其作品以图书、报刊形式出版、发表而取得的所得。

1. 稿酬所得应纳税额的计算

稿酬所得按次征税，其应纳税额的计算公式为

（1）每次收入不足 4 000 元的

应纳税额＝应纳税所得额×适用税率×（1－30%）

＝（每次收入额－800）×20%×（1－30%）　　（7-5）

（2）每次收入在 4 000 元以上的

应纳税额＝应纳税所得额×适用税率×（1－30%）

＝每次收入额×（1－20%）×20%×（1－30%）　　（7-6）

2. 稿酬所得应纳税额的会计核算

企业支付给个人的稿酬，由企业在向纳税人支付时，代扣代缴个人所得税，并记入企业有关期间费用账户，借记“管理费用”“销售费用”等账户，贷记“应交税费——应交个人所得税”和“库存现金”账户；实际缴纳个人所得税税款时，借记“应交税费——应交个人所得税”账户，贷记“银行存款”账户。

知识拓展 7-7：稿酬所得应纳税所得额应注意的几个问题

做一做　7-2

2017 年 6 月，某报社向作家李小华支付稿酬 16 000 元，请计算报社代扣代缴的个人所得税税额，并进行会计处理。

7.2.5　特许权使用费所得应纳税额的计算与会计核算

特许权使用费所得是指个人提供专利权、商标权、著作权、非专利技术及其他特许

权的使用权取得的所得。特许权使用费所得以特许权的使用地为所得来源地。

1. 特许权使用费所得应纳税额的计算

特许权使用费按次计税，其应纳税额的计算公式为

（1）每次收入不足4 000元的

应纳税额＝应纳税所得额×适用税率

＝（每次收入额－800）×20%　　（7-7）

（2）每次收入在4 000元以上的

应纳税额＝应纳税所得额×适用税率

＝每次收入额×（1－20%）×20%　　（7-8）

2. 特许权使用费所得应纳税额的会计核算

企业支付给个人的特许权使用费，由企业在向纳税人支付时，代扣代缴个人所得税，并记入企业有关账户，借记“无形资产”“管理费用”等账户，贷记“应交税费——应交个人所得税”和“库存现金”账户；实际缴纳个人所得税税款时，借记“应交税费——应交个人所得税”账户，贷记“银行存款”账户。

做一做 7-3

2017年6月，李工程师向华丰公司提供一项专利使用权，一次取得收入40 000元。请计算华丰公司代扣代缴的个人所得税税额，并进行会计处理。

7.2.6 财产转让所得应纳税额的计算与会计核算

财产转让所得是指个人转让有价证券、股票、建筑物、土地使用权、机器设备、车船及其他财产取得的所得。

1. 财产转让所得应纳税额的计算

财产转让所得应纳税额的计算公式为

应纳税额＝（每次收入额－财产原值－合理税费）×20%　　（7-9）

式中，合理税费，是指卖出财产时支付的经税务机关认可的有关税费，包括城市维护建设税及教育费附加、土地增值税、印花税、手续费等。

2. 财产转让所得应纳税额的会计核算

企业向个人购买属于企业固定资产项目的，由企业在向纳税人支付时，代扣代缴个人所得税，并记入“固定资产”账户，即借记“固定资产”账户，贷记“应交税费——应交个人所得税”和“库存现金”账户。

7.2.7 财产租赁所得应纳税额的计算与会计核算

财产租赁所得是指个人出租建筑物、土地使用权、机器设备、车船及其他财产取得的所得。财产租赁所得以被租赁财产的使用地为所得来源地。

1. 财产租赁所得应纳税额的计算

应纳税额的计算公式为

（1）每次（月）收入不超过4 000元的

应纳税额＝［每次（月）收入－准予扣除的税费－修缮费用－800］×20% （7-10）

（2）每次（月）收入超过4 000元的

应纳税额＝[每次(月)收入－准予扣除的税费－修缮费用]×(1－20%)×20% (7-11)

2. 财产转让所得应纳税额的会计核算

知识拓展7-8：财产租赁所得应纳税所得额应注意的几个问题

企业支付给个人的财产租赁费，由企业在向纳税人支付时，代扣代缴个人所得税，并记入企业有关期间费用账户，借记“管理费用”“销售费用”等账户，贷记“应交税费——应交个人所得税”和“库存现金”账户；实际缴纳个人所得税税款时，借记“应交税费——应交个人所得税”账户，贷记“银行存款”账户。

7.2.8 利息、股息、红利所得和偶然所得应纳税额的计算和会计核算

利息是指个人拥有债权而取得的利息。股息、红利是指个人拥有股权取得的股息、红利。偶然所得是指个人得奖、中奖、中彩，以及其他偶然性质的所得。偶然所得应缴纳的个人所得税，一律由发奖单位或机构代扣代缴，个人中奖所得额在1万元以下的免征个人所得税。

1. 利息、股息、红利所得和偶然所得应纳税额的计算

（1）利息、股息、红利所得和偶然所得适用税率

利息、股息、红利所得和偶然所得适用20%的比例税率。购买国债所得利息收入免税，从2008年10月9日起，储蓄存款利息所得暂免征收个人所得税。

（2）利息、股息、红利所得和偶然所得应纳税额的计算

利息、股息、红利所得和偶然所得按次纳税。利息、股息、红利所得以支付利息、股息、红利时取得的收入为一次，偶然所得以每次收入为一次。

上述所得均应以每次收入额为应纳税所得额，不作任何费用扣除。其应缴个人所得税计算公式如下：

应纳税额＝每次收入额×20% （7-12）

做一做 7-4

2017年6月，张涛购买福利彩票喜中三等奖，中奖金额为32 000元，请计算张涛应缴纳的个人所得税。

2. 利息、股息、红利所得和偶然所得应纳税额的会计核算

企业向个人支付利息、股息、红利所得和偶然所得时，应记入有关的成本、费用或

营业外支出等，贷记“其他应付款”“应付股利”等账户；实际支付并代扣代缴个人所得税时，借记“其他应付款”“应付股利”等账户，贷记“应交税费——应交个人所得税”和“库存现金”等账户。

7.2.9 个体工商户的生产、经营所得应纳税额的计算和会计核算

个体工商户生产、经营所得，是指个体工商户从事工业、手工业，建筑业、交通运输业、商业、饮食业、服务业、修理业及其他行业生产、经营取得的所得；个人经政府有关部门批准取得执照，从事办学、医疗、咨询，以及其他有偿服务活动取得的所得；其他个人从事个体工商户生产、经营取得的所得。

1. 个体工商户的生产、经营所得应纳税额的计算

（1）应纳税所得额的计算公式为

应纳税所得额＝收入总额－（成本＋费用＋损失）　　(7-13)

知识拓展 7-9：个体工商户费用的扣除标准

式中，收入总额是指个体工商户从事生产、经营及与生产经营有关的活动所取得的各项收入，“成本、费用和损失”是指个体工商户从事生产、经营活动所发生的各项直接费用、间接费用、期间费用和营业外支出。

（2）应纳税额的计算

对会计核算健全的个体工商户，可实行查账征收。其应纳税额按年计算、分月（季）预缴、年终汇算清缴、多退少补。其计算公式为

全年应纳税所得税＝本月累计应纳税所得额×（全年月份/当月月份）　　(7-14)

全年应纳税额＝全年应纳税所得额×适用税率－速算扣除数　　(7-15)

本月累计应纳税额＝全年应纳税额×（当月月份/全年月份）　　(7-16)

本月应预缴税额＝本月累计应纳税额－上月累计已预缴税额　　(7-17)

2. 个体工商户的生产、经营所得应纳税额的会计核算

个体工商户的生产、经营所得应纳税额，通过“留存利润”和“应交税费”账户进行核算。计算其应缴纳的个人所得税税额时，借记“留存利润”账户，贷记“应交税费——应交个人所得税”账户。

【例 7-2】华荣快餐店为一个体工商户，其税款实行查账征收。2017 年 6 月全月营业额为 34 000 元，当月购进原料支出为 19 500 元，全月共缴纳水电费、房租、煤气费等 4 000 元，缴纳其他税费合计 340 元，当月支付雇佣员工工资 3 000 元。假定上述费用均在规定的扣除标准之内。1～5 月份累计应纳税所得额为 67 800 元，1～5 月份累计已预缴的个人所得税额为 15 460 元。请计算华荣快餐店 6 月份应预缴的个人所得税税额，并进行会计核算。

6 月份应纳税所得额＝34 000－19 500－4 000－340－3 000－3 500＝3 660（元）

6 月份累计应纳税所得额＝3 660＋67 800＝71 460（元）

全年应纳税所得额＝71 460×12÷6＝142 920（元）

全年应纳税额＝142 920×35%－14 750＝35 272（元）

6 月份应纳税额＝35 272×6÷12－15 460＝2 176（元）

（1）计提个人所得税时

借：留存利润　　2 176

　　贷：应交税费——应交个人所得税　　2 176

（2）缴纳个人所得税时

借：应交税费——应交个人所得税　　2 176

　　贷：银行存款　　2 176

附原始凭证 1 张：电子缴税凭证（图 7-2）。

电子缴税凭证

纳税人名称：华荣快餐店　　纳税人编号：440703256238789

付款人名称	张金生	收款人名称	惠州市地方税务局
付款人账号	71682668753	收款人账号	71682165072
付款人开户行	中国建设银行惠州仲恺支行	收款人开户行	国家金库惠州支库
款项内容	代扣（地税）税款	电子税票号	013262993
税种	所属期	纳税金额	备注
个人所得税	2017.06.01～2017.06.30	2 176	
合计	—	¥2 176	
人民币（大写）	贰仟壹佰柒拾陆元整		

经办：　　复核：　　打印日期：2017.07.15

图 7-2　电子缴税凭证

7.2.10　对企事业单位的承包经营、承租经营所得应纳税额的计算和会计核算

对企事业单位的承包经营、承租经营所得，指个人承包经营或承租经营及转包、转租取得的所得。

1. 对企事业单位的承包经营、承租经营所得应纳税额的计算

对企事业单位的承包经营、承租经营所得的应纳税所得额，以纳税人每一纳税年度的收入总额（按照承包经营、承租经营合同规定分得的经营利润和工资、薪金性质的所得），减去必要费用（按月扣除 3 500 元）后的余额。计算公式为

应纳所得税额＝纳税年度收入总额－必要费用（每月 3 500 元）　　（7-18）

应纳税额＝应纳税所得额×适用税率－速算扣除数　　（7-19）

2. 对企事业单位的承包经营、承租经营所得应纳税额的会计核算

由于对企事业单位的承包经营、承租经营所得，是承包人、承租人对经营成果拥有所有权时的一种分配形式，所以，对企事业单位的承包经营、承租经营所得属于被承包、承租企业的利润分配，企业在支付承包经营、承租经营所得并代扣所得税时，借记“应付利润”账户，贷记“应交税费——应交个人所得税”“库存现金”等账户。

7.3 个人所得税的申报

个人所得税的纳税申报方式包括代扣代缴和自行申报两种。

7.3.1 个人所得税代扣代缴申报方式

1. 全员全额扣缴申报

税法规定，凡是支付个人应纳税所得的企业（公司）、事业单位、机关单位、社团组织、军队、驻华机构、个体户等单位或个人，都是个人所得税的扣缴义务人。从2006年1月1日起，扣缴义务人必须依法履行个人所得税全员全额扣缴申报义务。全员全额扣缴申报是指扣缴义务人向个人支付应税所得时，不论其是否属于本单位人员、支付的应税所得是否达到纳税标准，扣缴义务人均应当在代扣税款的次月内，向主管税务机关报送其支付应税所得个人的基本信息、支付所得项目和数额、扣缴税款数额及其他相关涉税信息。扣缴义务人每月所扣的税款，均应当在次月15日内缴入国库。

2. 代扣代缴的应税所得项目

扣缴义务人向个人支付下列所得时，应代扣代缴个人所得税：工资、薪金所得；对企（事）业单位承包、承租经营所得；劳务报酬所得；稿酬所得；特许权使用费所得；利息、股息、红利所得；财产租赁所得；财产转让所得；偶然所得；经国务院财政部门确定征税的其他所得。

7.3.2 个人所得税自行申报方式

自行申报纳税是指由纳税人自行在税法规定的纳税期限内，向税务机关申报取得的应税所得项目和数额，如实填写个人所得税纳税申报表，并按照税法规定计算应纳税额，据此缴纳个人所得税的一种方法。

1. 自行申报纳税的纳税人

依据《个人所得税法》的相关规定，纳税人有下列情形之一的，应按规定办理自行申报：

1）年所得12万元以上的（但不包括在中国境内无住所，且在一个纳税年度中在中国境内居住不满一年的个人）。

2）从中国境内两处或两处以上取得工资、薪金所得的。

3）从中国境外取得所得的（仅指在中国境内有住所，或无住所而在一个纳税年度中在中国境内居住满一年的个人）。

4）取得应纳税所得，没有扣缴义务人的。

5）国务院规定的其他情形。

2. 自行申报的期限

1）年所得12万元以上的纳税人，在纳税年度终了后3个月内向主管税务机关办理纳税申报。

2）个体工商户和个人独资、合伙企业投资者取得的生产、经营所得应纳税款，分月（季）预缴的，纳税人在每月（季）终了后7日内办理纳税申报；纳税年度终了后3个月内进行汇算清缴。

3）纳税人年终一次取得对企事业单位承包、承租经营所得的，自取得所得之日起30日内办理纳税申报；在一个纳税年度内分次取得承包、承租经营所得的，在每次取得所得后的次月15日内申报预缴；年度终了后的3个月内汇算清缴。

4）从中国境外取得所得的纳税人，在纳税年度终了后30日内向中国境内主管税务机关办理纳税申报。

5）除以上规定的情形外，纳税人取得其他各项所得须申报纳税的，在取得所得的次月15日内向主管税务机关办理纳税申报。

3. 自行申报的地点

1）年所得12万元以上的纳税人，纳税申报地点分别为：

① 在中国境内有任职、受雇单位的，向任职、受雇单位所在地主管税务机关申报。

② 在中国境内有两处或两处以上任职、受雇单位的，选择并固定向其中一处单位所在地主管税务机关申报。

③ 在中国境内无任职、受雇单位，年所得项目中有个体工商户生产、经营所得或对企事业单位的承包、承租经营所得（以下统称生产、经营所得）的，向其中一处实际经营所在地主管税务机关申报。

④ 在中国境内无任职、受雇单位，年所得项目中无生产、经营所得的，向户籍所在地主管税务机关申报。在中国境内有户籍，但户籍所在地与中国境内经常居住地不一致的，选择并固定向其中一地主管税务机关申报。在中国境内没有户籍的，向中国境内经常居住地主管税务机关申报。

2）从两处或两处以上取得工资、薪金所得的，选择并固定向其中一处单位所在地主管税务机关申报。

3）从中国境外取得所得的，向中国境内户籍所在地主管税务机关申报。在中国境内有户籍，但户籍所在地与中国境内经常居住地不一致的，选择并固定向其中一地主管税务机关申报。在中国境内没有户籍的，向中国境内经常居住地主管税务机关申报。

4）个体工商户向实际经营所在地主管税务机关申报。

5）个人独资，合伙企业投资者兴办两个或两个以上企业的，区分不同情形确定纳税申报地点：

① 兴办的企业全部是个人独资性质的，分别向各企业的实际经营管理所在地主管税务机关申报。

知识拓展7-10：个人所得税申报流程

② 兴办的企业中含有合伙性质的，向经常居住地主管税务机关申报。

③ 兴办的企业中含有合伙性质，个人投资者经常居住地与其兴办企业的经营管理所在地不一致的，选择并固定向其参与兴办的某一合伙企业的经营管理所在地主管税务机关申报。

6）除以上情形外，纳税人应当向取得所得所在地主管税务机关申报。

纳税人不得随意变更纳税申报地点，因特殊情况变更纳税申报地点的，须报原主管税务机关备案。

要点回顾

1）个人所得税是对是以自然人取得的各类应税所得为征税对象而征收的一种所得税。

2）居民纳税人是指在中国境内有住所，或者无住所而在境内居住满 1 年的个人。非居民纳税纳税人是指在中国境内无住所又不居住，或者无住所而在境内居住不满 1 年的个人。

3）工资、薪金所得，适用 3%～45%的超额累进税率。

4）个体工商户的生产、经营所得和对企事业单位的承包经营、承租经营所得，适用 5%～35%的超额累进税率。

5）劳务报酬所得，适用比例税率，税率为 20%。对劳务报酬所得一次收入畸高的，可以实行加成征收，即个人取得劳务报酬收入的应纳税所得额一次超过 20 000～50 000 元的部分，按照税法规定计算应纳税额后，再按照应纳税额加征五成，超过 50 000 元的部分，加征十成。

6）稿酬所得，特许权使用费所得，财产租赁所得，财产转让所得，偶然所得，利息、股息分红所得按每次收入不超过 4 000 元的，减除费用 800 元；4 000 元以上的，减除 20%的费用，其余额为应纳税所得额，其中稿酬按应纳税额减征 30%。

7）企业作为个人所得税的扣缴义务人，应按规定扣缴职工应缴纳的个人所得税。代扣个人所得税时，借记“应付职工薪酬”和“应付账款”等账户，贷记“应交税费——代扣个人所得税”账户；实际缴纳个人所得税税款时，借记“应交税费——代扣个人所得税”账户，贷记“银行存款”账户。

8）个人所得税的纳税申报方式包括代扣代缴和自习申报两种。

能力训练

一、单项选择题

1．我国个人所得税居民纳税人和非居民纳税人的划分标准是（　　）。

A．习惯性住所标准　　B．时间标准

C．永久性住所标准　　D．习惯性住所和时间标准

2. 在中国境内无住所，但在一个纳税年度内在中国境内累计居住不超过90日的个人（　　）。

A. 只就其在中国境内工作期间，境内单位个人、雇主支付或境内机构负担的部分征税

B. 应就其在中国境内工作期间，来源于中国境内外的全部所得征税

C. 免予征收个人所得税

D. 仅就其来源于中国境外的收入征税

3. 下列项目不构成工资、薪金项目所得的是（　　）。

A. 加班费　　B. 年终一次性奖金

C. 企业为雇员支付的旅游费　　D. 独生子女补贴

4. 下列所得属于劳务报酬所得的是（　　）。

A. 个人仅担任董事职务取得的董事费收入

B. 个人提供专有技术获得的收入

C. 个人发表书画作品取得的收入

D. 个人出租财产取得的收入

5. 下列应税项目中，不适用代扣代缴方式缴纳个人所得税的是（　　）。

A. 工资、薪金所得　　B. 稿酬所得

C. 个体户生产经营所得　　D. 劳务报酬所得

6. 年所得12万元以上的纳税人应在（　　）到主管税务机关办理自行申报手续。

A. 年度终了后的2个月内　　B. 年度终了后的3个月内

C. 年度终了后的4个月内　　D. 取得收入的次月7日内

二、多项选择题

1. 下列各项中，属于个人所得税非居民纳税人的有（　　）。

A. 在中国境内无住所，但一个纳税年度中在中国境内居住满1年的个人

B. 在中国境内无住所且不居住的个人

C. 在中国境内无住所，但在境内居住超过8个月且不满1年的个人

D. 在中国境内有住所的个人

2. 下列项目中，属于来源于中国境内所得的有（　　）。

A. 受雇于中国境内学校而取得的工资所得

B. 转让地处上海的房屋所得

C. 购买中国体育彩票中奖所得

D. 提供在中国境内使用的商标权使用费所得

3. 下列个人所得项目实际适用20%比例税率的有（　　）。

A. 稿酬所得　　B. 特许权使用费所得

C. 财产转让所得　　D. 股息、红利所得

4.《个人所得税法》规定，享受工资、薪金附加扣除费用的个人包括（　　）。

A．在中国境内的外商投资企业和外国企业工作的外籍人员

B．应聘在中国境内企业、事业单位、社会团体、国家机关工作的外籍专家

C．在中国境内有住所而在中国境外任职或受雇取得工资、薪金的个人

D．华侨和香港、澳门、台湾同胞

5．下列关于扣缴义务人的表述中，正确的有（　　）。

A．扣缴义务人向个人支付应纳税所得时，不论纳税人是否属于本单位人员，均应代扣代缴其应纳的个人所得税税款

B．扣缴义务人应设立代扣代缴税款账簿，正确反映个人所得税的扣缴情况

C．扣缴义务人依法履行代扣代缴税款义务时，如纳税人拒绝，扣缴义务人应及时报告税务机关处理，并暂时停止支付其应纳税所得

D．扣缴义务人每月所扣的税款，应当在次月 15 日内缴入国库，并按规定向税务机关报送相关资料

6．下列各项中，纳税人应当自行申报缴纳个人所得税的有（　　）。

A．年所得 12 万元以上的

B．从中国境外取得所得的

C．取得应税所得没有扣缴义务人的

D．从中国境内两处或两处以上取得工资、薪金所得的

三、判断题

1．个人兼职取得的收入应按照“劳务报酬所得”项目计征个人所得税。（　　）

2.《个人所得税法》中的“境内居住满一年”是指在中国境内居住满 365 日。（　　）

3．王先生年薪 20 万元，单位已经足额代扣代缴个人所得税，因此他无须再自行申报个人所得税。（　　）

4．公开拍卖文学作品手稿原件所得应按特许权使用费所得缴纳个人所得税。（　　）

5．转让土地使用权所得一律按“财产转让所得”征收个人所得税。（　　）

6．个人在中国境内有两处或两处以上任职、受雇单位的，应向受雇单位所在地主管税务机关申报。（　　）

四、业务核算题

1．王华为大学教授，2017 年 12 月份取得收入情况如下：

1）取得工资、薪金 5 000 元；

2）出版专业书一本，取得稿酬 20 000 元；

3）为其他单位授课一次，取得收入 5 000 元；

4）当月闲置房屋租赁取得收入 2 000 元，税费共计支付 120 元；

5）取得银行存款利息收入 200 元；

要求：为该教授计算当月应纳个人所得税税额。

2．中国公民李某在国内某单位任职，2017 年 12 月份取得如下收入：

1）工资收入 3 000 元，年终奖金 20 000 元；

2）接受某公司邀请担任技术顾问，一次性取得收入 35 000 元；

3）将一套住房出租，月租金 4 500 元，当月支付房屋修缮费 100 元；

4）因汽车失窃，获得保险公司赔偿 8 万元；

5）取得购买国债利息 500 元。

要求：计算李某当月应纳的个人所得税。

3．中国公民张某 2017 年 12 月份取得以下收入：

1）当月工资 4 000 元，年终奖金 36 000 元；

2）为某公司设计产品营销方案，取得一次性设计收入 18 000 元；

3）购买福利彩票支出 500 元，取得一次性中奖收入 15 000 元；

4）股票转让所得 20 000 元。

要求：①分别说明张某各项收入是否应缴纳个人所得税；②计算张某当月应缴纳的个人所得税税额。

第8章　其他税会计

【目的要求】

1. 掌握城市维护建设税、印花税、城镇土地使用税、房产税和车船税的概念、纳税人及其分类；

2. 理解城市维护建设税、印花税、城镇土地使用税、房产税和车船税的征税范围、税率和征收率；

3. 理解城市维护建设税、印花税、城镇土地使用税、房产税和车船税的纳税义务的确认、纳税期限和纳税地点；

4. 掌握城市维护建设税、印花税、城镇土地使用税、房产税和车船税的计算和会计核算。

【重点难点】

1. 城市维护建设税应纳税额的计算及会计核算；

2. 房产税应纳税额的计算及会计核算。

8.1　城市维护建设税会计

8.1.1　城市维护建设税概述

1. 概念

城市维护建设税是我国为了加强城市的维护建设，扩大和稳定城市维护建设资金的来源，而对有经营收入的单位和个人征收的一个税种。城市维护建设税是1984年工商税制全面改革中设置的一个税种。城市维护建设税的税收对象是从事工商经营，缴纳消费税、增值税的单位和个人。

2. 计税依据

城市维护建设税的计税依据是纳税人实际缴纳的增值税及消费税税额。以增值税、消费税税额为计税依据，仅指对增值税、消费税的征税，不包括税务机关对纳税人加收的滞纳金和罚款等非税款项。

3. 纳税环节

城市维护建设税的纳税环节确定在纳税人缴纳增值税、消费税的环节上。商品从生产到消费流转过程中，只要发生增值税、消费税的纳税行为，就要在缴纳增值税、消费税的同一环节上分别计算缴纳城市维护建设税。

4. 税率及纳税地点

城市维护建设税的税率按纳税人所在地，分别规定为市区7%、县城和镇5%、乡村1%。凡大中型工矿企业，其所在地不在城市市区、县城、建制镇的，税率为5%。

城市维护建设税的适用税率，应当按纳税人所在地的规定税率执行。但是，对下列两种情况，可按缴纳增值税、消费税所在地的规定税率就地缴纳城市维护建设税：一是由受托方代征代扣增值税、消费税的单位和个人，其代征代扣的城市维护建设税按受托方所在地适用的税率；二是流动经营及无固定纳税地点的单位和个人，在经营地缴纳增值税、消费税的，其城市维护建设税的缴纳按经营地适用税率。

纳税人违反增值税、消费税税法而加收的滞纳金和罚款，不能作为城市维护建设税的计税依据，但纳税人在查补增值税、消费税被处以罚款时，应同时对其偷逃的城市维护建设税进行补税和罚款。

对出口货物按规定应退还增值税、消费税的，不能退还已缴纳的城市维护建设税。同时，对进口货物海关代征增值税、消费税的，也不代征城市维护建设税。

因减免增值税、消费税而发生退税，也要同时免征或减征城市维护建设税。

外商投资企业和外国企业暂免缴纳城市维护建设税。

5. 纳税申报

在我国境内缴纳增值税、消费税的单位和个人应按有关规定及时办理纳税申报。

8.1.2 城市维护建设税应纳税额的计算

城市维护建设税应纳税额的计算比较简单，计税方法基本上与增值税、消费税一致，其计算公式为

应纳税额＝（实际缴纳的增值税＋消费税）×适用税率 (8-1)

式（8-1）中的增值税部分还应加上生产企业出口货物实行免抵退税办法产生的免抵税额。如果当期有免抵税额，一般在生产企业免抵退汇总表中有体现。

实行免抵退的生产企业的城市维护建设税的应纳税额的计算公式为

应纳税额＝（增值税应纳税额＋当期免抵税额＋消费税）×适用税率 (8-2)

8.1.3 城市维护建设税的会计核算

企业核算应缴纳城市维护建设税时，应设置“应交税费——应交城市维护建设税”账户。

【例8-1】广东佳信贸易有限公司所在地为地级市，在2017年7月实际应纳增值税57 956.66元。则城市维护建设税应纳税额的会计核算如下：

城市维护建设税应纳税额＝纳税人实际缴纳的增值税×适用税率

＝57 956.66×7%＝4 056.97（元） (8-3)

（1）计提税金时

借：税金及附加　　4 056.97

　　贷：应交税费——应交城市维护建设税　　4 056.97

附原始凭证 1 张：税费计算表（略）。

（2）缴纳税款时

借：应交税费——应交城市维护建设税　　4 056.97

　　贷：银行存款　　4 056.97

附原始凭证 1 张：电子缴税凭证（图 8-1）。

电子缴税凭证

纳税人名称：广东佳信贸易有限公司　　纳税人编号：440703256268224

付款人名称	广东佳信贸易有限公司	收款人名称	惠州市地方税务局
付款人账号	71682674152	收款人账号	71682165072
付款人开户行	中国建设银行惠州仲恺支行	收款人开户行	国家金库惠州支库
款项内容	代扣（地税）税款	电子税票号	013262888
税种	所属期	纳税金额	备注
城市维护建设税	2017.7.01～2017.7.31	4 056.97	中国建设银行股份有限公司 惠州仲恺支行 2017.08.15 办讫章 (2)
教育费附加	2017.7.01～2017.7.31	1 738.70	
地方教育附加	2017.7.01～2017.7.31	1 159.13	
合计	—	¥6 954.80	
人民币（大写）	陆仟玖佰伍拾肆元捌角		

经办：　　复核：　　打印日期：2017. 08.15

图 8-1　电子缴税凭证

8.1.4　教育费附加和地方教育附加的有关规定及会计核算

教育费附加和地方教育附加是对缴纳增值税、消费税的单位和个人，就其实际缴纳的税额为计算依据征收的一种附加费。

知识拓展 8-1：教育费附加

1. 教育费附加和地方教育附加的征收范围及计征依据

教育费附加和地方教育附加对缴纳增值税、消费税的单位和个人征收，以其实际缴纳的增值税、消费税税额为计征依据（不包括加收的滞纳金和罚款），分别与增值税、消费税同时缴纳。单位是指企业单位、事业单位、国家机关、军事单位、外资企业和社会团体，以及其他组织。个人是指个体经营者及其他个人，包括中国公民和外籍人员。

2. 教育费附加和地方教育附加计征比率

国务院决定从 2010 年 12 月 1 日起，统一内外资企业和个人城市维护建设税和教育费附加制度，教育费附加统一按增值税、消费税实际缴纳税额的 3%征收；地方教育附加统一按增值税、消费税实际缴纳税额的 2%征收。

3. 教育费附加和地方教育附加的计算方法，与城市维护建设税基本相同

【例 8-2】承例 8-1，广东佳信贸易有限公司教育费附加计征率为 3%，地方教育附加计征率为 2%，计算应交教育费附加和地方教育附加并做会计分录如下：

应交教育费附加＝57 956.66×3%≈1 738.70（元）

应交地方教育附加＝57 956.66×2%≈1 159.13（元）

（1）计提教育费附加时

借：税金及附加　　2 897.83

　　贷：应交税费——应交教育费附加　　1 738.70

　　　　　　　　——应交地方教育附加　　1 159.13

附原始凭证 1 张：税费计算表（略）。

（2）缴纳教育费附加时

借：应交税费——应交教育费附加　　1 738.70

　　　　　　——应交地方教育附加　　1 159.13

　　贷：银行存款　　2 897.83

附原始凭证 1 张：电子缴税凭证（图 8-1）。

做一做 8-1

广州粤华汽车厂所在地为省会，当月实际已纳增值税 275 万元，消费税 400 万元。计算应纳城市维护建设税、教育费附加和地方教育附加的税额。

8.2 印花税会计

8.2.1 印花税概述

印花税是对经济活动和经济交往中书立、领受的应税经济凭证所征收的一种税。它属于行为课税。因纳税人主要是通过在应税凭证上粘贴印花税票来完成纳税义务，故名印花税。

8.2.2 印花税的纳税范围和纳税人

1. 纳税范围

凡是在中华人民共和国境内书立、领受和在中国境外书立，但在中国境内具有法律效力、受中国法律保护的下列凭证，均属于印花税纳税的范围。具体包括：

1）购销、加工承揽、建筑工程承包、财产租赁、货物运输、仓储保管、借款、财产保险、技术等合同或者具有合同性质的凭证。

2）产权转让书据，包括财产所有权、版权、商标专用权、专利权、专有技术使用权等转移书据。

3）营业账簿，包括单位和个人从事生产经营活动所设立的各种账册。

知识拓展 8-2：印花税的有关规定

4）专利、许可证照，包括房屋产权证、工商营业执照、商标注册证、专利证、土地使用证。

5）经财政部确定征收的其他凭证。

2. 纳税人

根据书立、领受应纳税凭证的不同，纳税人可分别称为立合同人、立账簿人、立据人和领受人。

对合同、书据等由两方或两方以上当事人共同书立的凭证，其当事人各方都是纳税人，各自就所持凭证的金额纳税。对政府部门发给的权利许可证照，领受人为纳税人。对某些应税凭证由当事人的代理人代为书立，则代理人有代为纳税的义务。

8.2.3 印花税的税目和税率

1. 税目

《中华人民共和国印花税暂行条例》（以下简称《印花税暂行条例》）对印花税的税目分为五类。即合同或具有合同性质的凭证、产权转移书据、营业账簿、权利许可证照、经财政部确定征税的其他凭证。

2. 税率

印花税采用比例税率和定额税率两种税率。

（1）比例税率

在印花税的 13 个税目中，各类经济合同及合同性质的凭证（含以电子形式签订的各类应税凭证）、产权转移书据、营业账簿中记载有金额的账簿，适用比例税率。印花税比例税率共有四个档次，即 1‰、5‰、3‰、0.5‰。印花税税目税率表如表 8-1 所示。

表 8-1 印花税税目税率表

税目	范围	税率	纳税人	说明
购销合同	包括供应、预购采购、购销结合及协作、调剂、补偿易货等合同	按购销金额 3‰贴花	立合同人	
加工承揽合同	包括加工、定作、修缮、修理、印刷、广告、测绘、测试等合同	按加工或承揽收入 5‰贴花	立合同人	
建设工程勘察设计合同	包括勘察、设计合同	按收取费用 5‰贴花	立合同人	
建筑安装工程承包合同	包括建筑、安装工程承包合同	按承包金额 3‰贴花	立合同人	
财产租赁合同	包括租赁房屋、船舶、飞机、机动车辆、机械、器具、设备等	按租赁金额 1‰贴花，税额不足 1 元的按 1 元贴花	立合同人	
货物运输合同	包括民用航空、铁路运输、海上运输、内河运输、公路运输和联运合同	按运输收取的费用 5‰贴花	立合同人	单据作为合同使用的，按合同贴花

续表

税目	范围	税率	纳税人	说明
仓储保管合同	包括仓储、保管合同	按仓储收取的保管费用 1‰贴花	立合同人	仓单或栈单作为合同使用的，按合同贴花
借款合同	银行及其他金融组织和借款人（不包括银行同业拆借）所签订的借款合同	按借款金额 0.5‰贴花	立合同人	单据作为合同使用的，按合同贴花
财产保险合同	包括财产、责任、保证、信用等保险合同	按保险费金额 1‰贴花	立合同人	单据作为合同使用的按合同贴花
技术合同	包括技术开发、转让、咨询、服务等合同	按所载金额 3‰贴花	立合同人	
产权转移书据	包括财产所有权和版权、商标专用权、专利权、专有技术使用权等转移书据	按所载金额 5‰贴花	立据人	
营业账簿	生产经营用账册	记载资金的账簿按实收资本和资本公积两项金额之和 5‰贴花。其他账簿按每件贴花 5 元	立账簿人	
权利、许可证照	包括政府部门发给的房屋产权证、工商营业执照、商标注册证、专利证、土地使用证	按每件贴花 5 元	领受人	

按比例税率征税的有各类经济合同及合同性质的凭证、记载有金额的账簿、产权转移书据等。这些凭证一般都记有金额，按比例纳税，金额多的多缴纳，金额少的少缴纳，既能保证财政收入，又能体现合理负担的征税原则。

从 2008 年 9 月 19 日起，对买卖、继承、赠予所书立的 A 股、B 股股权转让书据的出让方按 1‰的税率征收证券（股票）交易印花税，对受让方不再征税。企业改制、合并或分立后，其新起用的资金账簿记载的资金，凡原已贴花的部分，不再贴花，未贴花的部分和新增部分，按规定贴花。

知识拓展 8-3：印花税计税依据的一般规定

（2）定额税率

印花税的定额税率按件定额贴花，每件 5 元。它主要适用于“营业账簿”税目中的其他账簿和“权利、许可证照”。因为这些凭证不属资金账或没有金额记载，规定按件定额纳税，可以方便纳税和简化征管。

8.2.4　印花税应纳税额的计算

1. 按比例税率计算

先确定计税金额。各种凭证的计税依据在印花税税目税率表中都有明确规定。如果凭证只记载数量，没有记载金额，应按物价部门规定的价格计算确定计税金额；如果物价部门没有确定价格的，应按凭证书立时的市场价格计算确定计税金额。按比例税率计算税额的计算公式为

应纳税额＝凭证所载应税金额×适用税率 （8-4）

印花税最低税额为 0.10 元。按适用税率计算出的应纳税额不足 0.10 元的凭证，免贴印花税。应纳税额在 0.10 元以上的，按四舍五入规则，其尾数不满 0.05 元的不计，满 0.05 元的按 0.10 元计算。财产租赁合同最低纳税起点为 1 元，即税额超过 0.10 元，但不足 1 元的，按 1 元纳税。

2. 按定额税率计算

按定额税率计算税额的计算公式为

应纳税额＝应税凭证件数×适用单位税额 （8-5）

做一做 8-2

大地公司 2016 年底实收资本金额为 500 万元，资本公积为 100 万元，该公司 2016 年按规定缴纳了印花税。2017 年 3 月该公司减少资本公积 80 万元；2017 年 10 月该公司又增加资本公积 30 万元。请计算 2017 年该公司的印花税应纳税额。

8.2.5 印花税的会计核算

企业的印花税，一般是自行计算、购买、贴花、注销，通过“应交税费——应交印花税”账户进行核算。

【例 8-3】广东佳信贸易有限公司 2017 年 7 月份主营业务收入为 1 302 841 元，包装物租金收入 300 元，购进商品为 948 600 元，按照有关税法规定，计算应纳印花税并做会计核算如下：

购销合同应纳税额＝（1 302 841＋948 600）×3‰＝675.43（元）

财产租赁合同应纳税额＝300×1‰＝0.3（元）

财产租赁合同税额不足 1 元的按 1 元贴花，所以财产租赁合同应纳印花税为 1 元。

（1）计提印花税时

借：税金及附加 676.43

　　贷：应交税费——应交印花税 676.43

（2）缴纳印花税时

借：应交税费——应交印花税 676.43

　　贷：银行存款 676.43

附原始凭证 1 张：电子缴税系统回单（图 8-2）。

惠州市电子缴税系统回单

纳税人名称：广东佳信贸易有限公司　　　　　　　　　　纳税人编号：440703256268224

付款人名称	广东佳信贸易有限公司	收款人名称	惠州市地方税务局
付款人账号	71682674152	收款人账号	71682166795
付款人开户行	中国建设银行惠州仲恺支行	收款人开户行	国家金库惠州支库
款项内容	代扣（地税）税款	电子税票号	017652872
税种	所属期	纳税金额	备注
印花税	20167.07.01～2017.07.31	676.43	中国建设银行股份有限公司 惠州仲恺支行 2017.08.15 办讫章 （2）
合计	—	¥676.43	
人民币（大写）	陆佰柒拾陆元肆角叁分		

经办：　　　　　　　　　　复核：　　　　　　　　　　打印日期：2017.08.15

图 8-2　电子缴税系统回单

【例 8-4】星艺建筑安装公司 1 月份承包某工厂建筑工程一项，工程造价为 6 000 万元，按照经济合同法，双方签订建筑承包工程合同。订立建筑安装承包合同，应按合同金额 3‰贴花。计算应纳印花税并做会计分录如下：

应纳税额＝60 000 000×3‰＝18 000（元）

（1）计提印花税时

借：税金及附加　　18 000

　　贷：应交税费——应交印花税　　18 000

（2）缴纳印花税时

借：应交税费——应交印花税　　18 000

　　贷：银行存款　　18 000

附原始凭证 1 张：缴税凭证（略）。

按规定，各种合同应于合同正式签订时贴花。建筑公司应在自己的合同正本上贴花 18 000 元，由于该份合同应纳税额超过 500 元，所以该公司应向税务机关申请填写缴款书或完税凭证，将其中一联粘贴在合同上或由税务机关在合同上加注完税标记。

【例 8-5】大华公司于 6 月份开业，领受房产证、工商营业执照、商标注册证、土地使用证各一件。公司营业账簿中，生产经营账册中实收资本 300 万元、资本公积 80 万元，其他账簿 8 本。计算应纳印花税并做会计分录如下：

领取权利、许可证照，应按件贴花 5 元。公司的生产经营账簿应按所载资本总额的 5‰贴花，其他账簿应按件贴花 5 元。

应纳税额＝（3 000 000＋800 000）×5‰＋（8×5）＋（4×5）

＝1 900＋40＋20＝1 960（元）

（1）计提印花税时

借：税金及附加　1 960

　　贷：应交税费——应交印花税　1 960

（2）缴纳印花税时

借：应交税费——应交印花税　1 960

　　贷：银行存款　1 960

附原始凭证 1 张：缴税凭证（略）。

8.2.6 印花税的征收管理

1. 纳税方法

印花税的纳税方法，根据税额大小、贴花次数，以及税收征收管理的需要，分别采用以下几种纳税办法。

（1）自行贴花

纳税人自行计算应纳税额，自行购买印花税票，自行一次贴足印花税票并加以注销或划销，纳税义务才算全部履行完毕。对于已贴花的凭证，修改后所载金额增加的，其增加部分应当补贴印花税票，但多贴印花税票者，不得申请退税或者抵用。

（2）汇贴或汇缴

一般适用应纳税额较大或者贴花次数频繁的纳税人。汇贴，指的是当一份凭证应纳税额超过 500 元时，应向税务机关申请填写缴款书或者完税凭证，将其中一联粘贴在凭证上或者有税务凭证上加注完税标记代替贴花。汇缴，指的是同一类应税凭证需要频繁贴花的，纳税人可以根据实际情况自行决定是否采用汇总缴纳印花税的方式，汇总缴纳的期限，由当地税务机关确定，但最长不得超过 1 个月。缴纳方式一经选定，1 年内不得改变。

（3）委托代征办法

委托代征主要是通过税务机关的委托，精油发放或者办理应纳税凭证的单位代为征收印花税税款。税务机关应与代征单位签订代征委托书，并按代售金额 5%的比例支付代售手续费。

2. 纳税义务时间

应纳税凭证应当与书立或者领受时贴花。印花税实行自报自缴，如果发生应缴纳印花税行为时，应按上述规定自行贴花。

3. 纳税地点

印花税一般实行就地纳税。

8.3 城镇土地使用税会计

城镇土地使用税是以开征范围的土地为征税对象，以实际占用的土地面积为计税标准，按规定税额对拥有土地使用权的单位和个人征收的一种资源税。“单位”包括国有企业、集体企业、私营企业、股份制企业、外商投资企业、外国企业及其他企业和事业单位、社会团体、国家机关、军队及其他单位；“个人”包括个体工商户以及其他个人。

8.3.1 城镇土地使用税的纳税人

凡在城市、县城、建制镇、工矿区范围内使用土地的单位和个人为城镇土地使用税的纳税义务人。具体规定如下：

1）拥有土地使用权的单位和个人，为纳税义务人。

2）拥有土地使用权的单位和个人不在土地所在地的，其土地的实际使用人和代管人为纳税义务人。

3）土地使用权未确定或权属纠纷未解决的，其实际使用人为纳税义务人。

4）土地使用权为多方共有的，共有各方都是纳税人，由共有各方分别纳税。

8.3.2 城镇土地使用税的纳税范围和计税依据

1. 纳税范围

土地使用税在城市、县城、建制镇、工矿区开征，凡是在纳税范围内的土地（农业用地除外），不论国家或集体，不论单位或个人，只要是非农业用地，都应照章缴纳土地使用税。目前，尚未对农村非农业用地计征。因此，该税全称为城镇土地使用税。

城市是指经国务院批准设立的市，其纳税范围为市区和郊区。郊区是指设立街道办事处和居民委员会的地区，不包括农村。

县城是指县人民政府所在地，其纳税范围是县政府所在地的城镇。

建制镇是指经省、自治区、直辖市人民政府批准设立的建制镇，其纳税范围是镇政府所在地，不包括所辖的其他村。

工矿区是指工商业比较发达，人口比较集中，符合国务院规定的建制镇标准，但尚未设立建制镇的大中型工矿企业所在地。工矿区必须经省、自治区、直辖市人民政府批准。

2. 计税依据

城镇土地使用税以纳税人实际占用的土地面积为计税依据。土地占用面积的组织测量工作，由省、自治区、直辖市人民政府根据实际情况确定。税务机关根据纳税人实际使用的土地面积，按照规定的税额计算应纳税额。

8.3.3 城镇土地使用税的税率

城镇土地使用税采用定额税率，即采用有幅度的差别税额，按大、中、小城市和县城、建制镇、工矿区分别规定每平方米土地使用税年应纳税额。具体的城镇土地使用税税率如表 8-2 所示。

表 8-2 城镇土地使用税税率表

级别	人口/人	每平方米税额/元
大城市	50 万以上	1.5～30
中等城市	20 万～50 万	1.2～24
小城市	20 万以下	0.9～18
县城、建制镇、工矿区		0.6～12

城镇土地使用税单位税额有较大差别。最高与最低税额之间相差 50 倍，同一地区最高与最低税额之间相差 20 倍。各省、自治区、直辖市人民政府可根据本地区经济发展状况，适当降低税额，但降低额不得超过最低税额的 30%；经济发达地区适用税额标准应适当提高，但须报经财政部批准。

8.3.4 城镇土地使用税的纳税期限

城镇土地使用税按年计算，分期缴纳。缴纳期限由省、自治区、直辖市人民政府确定。新征用的土地，如属于耕地，自批准征用之日起满一年时开始缴纳土地使用税；如属于非耕地，则自批准征用次月起缴纳土地使用税。

8.3.5 城镇土地使用税的计算

城镇土地使用税以纳税人实际使用的土地面积为依据，依照规定的税额，按年计算，分期缴纳。土地使用税的计算公式为

全年应纳税额＝应税土地的实际占用面积（平方米）×单位适用税额　　(8-6)

做一做 8-3

武泰钢材进口公司占用土地面积为 1 500 平方米，每平方米年税额为 6 元。请计算其全年应纳的土地使用税税额。

8.3.6 城镇土地使用税的会计核算

缴纳土地使用税的单位，通过“应交税费——应交城镇土地使用税”账户进行核算。

【例 8-6】广东佳信贸易有限公司占用土地 500 平方米，该企业位于中等城市，当地人民政府核定该企业的土地使用税单位税额为 9 元/平方米。计算该企业应纳土地使用税并做会计分录如下：

应纳税额＝500×9＝4 500（元）

（1）计提税金时

借：税金及附加　　4 500

　　贷：应交税费——应交土地使用税　　4 500

附原始凭证 1 张：税费计算表（略）。

（2）上缴时

借：应交税费——应交土地使用税　　4 500

　　贷：银行存款　　4 500

附原始凭证 1 张：缴税凭证（略）。

8.4 房产税会计

8.4.1 房产税的概念

房产税是指以房产为征税对象，按照房屋的计税余值或租金收入为计税依据，向产权所有人征收的一种财产税。

所谓房产，是指有屋面和围护结构，能够遮风避雨，可供人们在其中生产、学习、工作、娱乐、居住或储藏物资的场所。独立于房屋的建筑物如围墙、暖房、水塔、烟囱、室外游泳池等不属于房产。但室内游泳池属于房产。

8.4.2 房产税的纳税人

凡在中华人民共和国境内拥有房屋产权的单位和个人均为房产税的纳税义务人。具体规定如下：

1）产权属于国家所有的，其经营管理的单位为纳税义务人。

2）产权属于集体和个人所有的，其经营管理的集体和个人为纳税义务人。

3）产权出典的，承典人为纳税义务人。

4）产权所有人、承典人不在房产所在地，或者产权未确定或租典纠纷未解决的，房产代管人或者使用人为纳税义务人。

知识拓展 8-4：房产税纳税人的有关规定

8.4.3 房产税的纳税范围、税率和计税依据

1. 纳税范围

房产税的纳税对象是我国境内的房屋（房产）。房产税的纳税范围为城市、县城、工矿区、建制镇。

2. 税率和计税依据

房产税适用于企业和个人，房产税的计税依据采用从价计征和从租计征，具体规定如下。

（1）从价计征

对经营自用的房屋，以房产的计税余值为计税依据。年税率为 1.2%。

所谓计税余值，是指依照税法规定按房产原值一次减除 10%～30%的扣除比例后的余值。各地扣除比例由当地省、自治区、直辖市人民政府确定。如果没有房产原值作为依据，将由房产所在地的税务机关参考同类房产核定。

知识拓展 8-5：房产原值的有关规定

（2）从租计征

对于出租的房屋，以租金收入为计税依据。年税率为 12%。

自 2008 年 3 月 1 日起，对个人出租住房，按 4%的税率征收房产税。

如果是以劳务或者其他形式为报酬抵付房租收入的，应根据当地同类房产的租金水平，确定一个标准租金额从租计征。

对出租房产，约定免收租金期限的，在免收租金期间由产权所有人按照房产余值缴纳房产税。

做一做 8-4

自用房屋的房产税的计税依据是（　　）。

A. 房产原值　　B. 计税余值　　C. 房产净值　　D. 房产市价

8.4.4 房产税应纳税额的计算和缴纳

1. 房产税应纳税额的计算

（1）从价计征的应纳税额的计算

从价计征是按房产的原值减掉一定的比例后的余值计征，其计算公式为

$$\text{全年应纳税额}=\text{应税房产原值}\times(1-\text{扣除比例})\times 1.2\% \tag{8-7}$$

（2）从租计征的应纳税额的计算

从租计征是按房产的租金收入计征，其计算公式为

$$\text{全年应纳税额}=\text{年租金收入}\times 12\% \tag{8-8}$$

2. 房产税的缴纳

房产税应按年计算、分期缴纳。具体纳税期限可由省、自治区、直辖市人民政府规定。一般可采取按季或半年缴纳，按季缴纳的可在 1、4、7、10 月份缴纳；按半年缴纳的可在 4、10 月份缴纳；税额比较大的，可按月缴纳；个人出租房产的可按次征收。

1）纳税人将原有房产用于生产经营，从生产经营之月起缴纳房产税。

2）纳税人自建的房屋，自建成之次月起征收房产税。

3）纳税人委托施工企业建设的房屋，从办理验收手续之次月起征收房产税。

4）纳税人购置新建商品房，自房屋交付使用之次月起计征房产税。

5）纳税人购置存量房，自办理房屋权属转移、变更登记手续，房地产权属登记机关签发房屋权属证书之次月起计征房产税。

6）纳税人出租、出借房产，自交付出租、出借房产之次月起计征房产税。

7）房地产开发企业自用、出租、出借本企业建造的商品房，自房屋使用或交付之次月起计征房产税。

8）自 2009 年 1 月 1 日起，纳税人因房产的实物或权利状态发生变化而依法终止房产税纳税义务的，其应纳税款的计算应截止到房产的实物或权利状态发生变化的当月末。

8.4.5　房产税的会计核算

企业按规定缴纳的房产税，通过“应交税费——应交房产税”账户进行核算。

【例8-7】广东佳信贸易有限公司2017年7月1日拥有房产原值660万元，当地政府规定，按原值一次减除20%后的余值纳税。按年计算，分月缴纳。税率为1.2%，计算该企业应纳房产税并做会计分录如下：

年应纳税额＝6 600 000×（1－20%）×1.2%=63 360（元）

月应纳税额＝63 360÷12＝5 280（元）

（1）每月预提税金时

借：税金及附加　5 280

　　贷：应交税费——应交房产税　5 280

附原始凭证1张：税费计算表（略）。

（2）每月缴纳税金时

借：应交税费——应交房产税　5 280

　　贷：银行存款　5 280

附原始凭证1张：缴税凭证（略）。

做一做　8-5

华丰公司出租房屋10间，年租金收入为300 000元，适用税率为12%，请进行会计处理。

8.5　车船税会计

车船税是指对在中国境内应依法到公安、交通、农业、渔业、军事等管理部门办理登记的车辆、船舶，根据其种类，按照规定的计税依据和年税额标准计算征收的一种财产税。从2007年7月1日开始，有车族需要在投保交强险时缴纳车船税，征收的范围为车辆和船舶。简单来说，车船税是有关部门对车辆、船舶征收的一种财产税。

8.5.1　车船税概述

1. 车船税的纳税人

在中华人民共和国境内属于《中华人民共和国车船税法》（以下简称《车船税法》）所附车船税税目税额表规定的车辆、船舶（以下简称车船）的所有人或者管理人，为车船税的纳税人，应当依照《车船税法》的规定缴纳车船税。车船是指依法应当在车船管理部门登记的车船。

车船的所有人或者管理人未缴纳车船税的，使用人应当代为缴纳车船税。

从事机动车交通事故责任强制保险业务的保险机构为机动车车船税的扣缴义务人，应当依法代收代缴车船税。机动车车船税的扣缴义务人依法代收代缴车船税时，纳税人不得拒绝。

2. 车船税的纳税范围

凡是行驶于中国境内公共道路的车辆和航行于中国境内河流、湖泊或领海的船舶，均为该税的纳税范围。

车辆包括机动车辆和非机动车辆，船舶包括机动船舶和非机动船舶。

3. 车船税税率

车船税的适用税额，依照《车船税法》所附的车船税税目税额表执行。国务院财政部门、税务主管部门可以根据实际情况，在车船税税目税额表规定的税目范围和税额幅度内，划分子税目，并明确车辆的子税目税额幅度和船舶的具体适用税额。车辆的具体适用税额由省、自治区、直辖市人民政府在规定的子税目税额幅度内确定。车船税税目、税额如表8-3所示。

表8-3　车船税税目、税额表

	目录	计税单位	年基准税额/元	备注
乘用车[按发动机气缸容量（排气量）分档]	1.0升（含）以下	每辆	60～360	核定载客人数9人（含）以下
	1.0升以上至1.6升（含）的		300～540	
	1.6升以上至2.0升（含）的		360～660	
	2.0升以上至2.5升（含）的		660～1 200	
	2.5升以上至3.0升（含）的		1 200～2 400	
	3.0升以上至4.0升（含）的		2 400～3 600	
	4.0升以上的		3 600～5 400	
商用车	客车	每辆	480～1 440	核定载客人数9人以上，包括电车
	货车	整备质量每吨	16～120	（1）包括半挂牵引车、三轮汽车和低速载货汽车等 （2）挂车按照货车税额的50%计算
其他车辆	专用作业车	整备质量每吨	16～120	不包括拖拉机
	轮式专用机械车	整备质量每吨	16～120	
摩托车		每辆	36～180	
船舶	机动船舶	净吨位每吨	3～6	拖船、非机动驳船分别按照机动船舶税额的50%计算
	游艇	艇身长度每米	600～2 000	

4. 车船税纳税期限、纳税地点

车船税的纳税义务发生时间，为车船管理部门核发的车船登记证书或者行驶证书所记载日期的当月。纳税人在购车缴纳交强险的同时，由保险机构代收代缴车船税。

车船税按年申报缴纳。具体申报纳税期限由省、自治区、直辖市人民政府确定。

车船税由地方税务机关负责征收。车船税的纳税地点，由省、自治区、直辖市人民政府根据当地实际情况确定。

跨省、自治区、直辖市使用的车船，纳税地点为车船的登记地。

8.5.2 车船税应纳税额的计算

按照纳税地点所在地的省、自治区、直辖市人民政府确定的具体适用税额缴纳车船税由地方税务机关负责征收。

1. 购置新车船的税额计算

购置当年的应纳税额自纳税义务发生的当月起按月计算。计算公式为

应纳税额＝（年应纳税额÷12）×应纳税月份数　　(8-9)

2. 被盗抢车船的税额计算

1）在一个纳税年度内，已完税的车船被盗抢、报废、灭失的，纳税人可以凭有关管理机关出具的证明和完税凭证，向纳税所在地的主管税务机关申请退还自被盗抢、报废、灭失月份起至该纳税年度终了期间的税款。

2）已办理退税的被盗抢车船失而复得的，纳税人应当从公安机关出具相关证明的当起计算缴纳车船税。

3. 已缴纳车船税的车船在同一纳税年度内办理转让过户的税额计算

已缴纳车船税的车船在同一纳税年度内办理转让过户的，不另纳税，也不退税。

知识拓展8-6：其他税种申报流程

8.5.3 车船税的会计核算

企业按规定缴纳的车船税，通过“应交税费——应交车船使用税”账户核算。

【例8-8】粤华贸易公司拥有小型客车2辆，年税额400元，计算应纳税额并做会计分录如下：

年应纳税额＝2×400=800（元）

（1）计提税金时

借：税金及附加　　800

　　贷：应交税费——应交车船税　　800

附原始凭证1张：税费计算表（略）。

（2）缴纳税金时

借：应交税费——应交车船税　　800

　　贷：银行存款　　800

附原始凭证1张：缴税凭证（略）。

要点回顾

1）城市维护建设税是我国为了加强城市的维护建设，扩大和稳定城市维护建设资金的来源，而对有经营收入的单位和个人征收的一个税种。

2）城市维护建设税应纳税额的计算比较简单，计税方法基本上与增值税、消费税一致，其计算公式为

应纳税额＝（实际缴纳的增值税＋消费税）×适用税率

3）印花税是对经济活动和经济交往中书立、领受的应税经济凭证所征收的一种税。它属于行为课税。因纳税人主要是通过在应税凭证上粘贴印花税票来完成纳税义务，故名印花税。

4）印花税采用比例税率和定额税率两种税率。印花税比例税率共有四个档次，即1‰、5‰、3‰、0.5‰。

5）城镇土地使用税是以开征范围的土地为征税对象，以实际占用的土地面积为计税标准，按规定税额对拥有土地使用权的单位和个人征收的一种资源税。

6）土地使用税的计算公式如下:

应纳税额=应税土地的实际占用面积×单位适用税额

7）房产税是指以房产为征税对象，按照房屋的计税余值或租金收入为计税依据，向产权所有人征收的一种财产税。

8）房产税的计算有两种:

从价计征的应纳税额的计算公式为

全年应纳税额＝应税房产原值×（1－扣除比例）×1.2%

从租计征的应纳税额的计算公式为

全年应纳税额＝年租金收入×12%

9）车船税是指对在中国境内应依法到公安、交通、农业、渔业、军事等管理部门办理登记的车辆、船舶，根据其种类，按照规定的计税依据和年税额标准计算征收的一种财产税。

10）购置新车船，购置当年的应纳税额自纳税义务发生的当月起按月计算。计算公式为

应纳税额＝（年应纳税额÷12）×应纳税月份数

能力训练

一、单项选择题

1．得乐玩具厂地处市区，2016 年 10 月被税务机关查补增值税 45 000 元、消费税 25 000 元、所得税 30 000 元；还被加收滞纳金 20 000 元、被处罚款 50 000 元。该企业应补缴城市维护建设税和教育费附加（　　）元。

A．5 000　　B．7 000　　C．8 000　　D．17 000

2．根据税收法律制度的规定，下列各项中，规定了比例税率和定额税率两种税率

形式的税种有（　　）。

A．印花税　　B．城市维护建设税　　C．增值税　　D．房产税

3. 得乐玩具厂 2016 年资金账簿记载实收资本 400 万元，2016 年已经计税贴花，2017 年资金账簿记载实收资本为 600 万元、资本公积 20 万元，2017 年新启用其他账簿 10 本。该企业 2017 年应缴纳印花税（　　）元。

A．1 175　　B．1 150　　C．1 100　　D．1 225

4. 大华建筑公司与甲企业签订一份建筑承包合同，合同金额 6 000 万元。施工期间，该建筑公司又将其中价值 800 万元的安装工程转包给乙企业，并签订转包合同。大华建筑公司上述合同应缴纳印花税（　　）万元。

A．1.79　　B．1.80　　C．2.03　　D．2.04

5．下列选项中，应该缴纳车船税的是（　　）。

A．救护车　　B．军队专用车辆　　C．警用车船　　D．企业班车

6．房产税按（　　）方式缴纳。

A．按年征收，分期缴纳

B．按季征收，分期缴纳

C．按月征收，分期缴纳

D．由省、自治区、直辖市人民政府规定

二、多项选择题

1．下列项目中，符合印花税相关规定的有（　　）。

A．加工承揽合同的计税依据为加工或承揽收入的金额

B．财产租赁合同的计税依据为所租赁设备的金额

C．仓储保管合同的计税依据为所保管货物的金额

D．货物运输合同的计税依据为取得的运输费金额

2．下列项目中，符合房产税相关规定的有（　　）。

A．将房屋产权出典的，承典人为纳税人

B．将房屋产权出典的，产权所有人为纳税人

C．房屋产权未确定的，房屋代管人或使用人为纳税人

D．产权所有人不在房产所在地的，房产代管人或使用人为纳税人

三、业务核算题

1．星辉玩具公司 2017 年经营用房原值为 5 000 万元，出租房屋 10 间，年租金收入为 30 万元，按照当地规定允许减除 30%。

要求：计算 2017 年应纳房产税税额并做相应分录。

2．塔山烟厂为增值税一般纳税人，2017 年 4 月接受某烟厂委托加工烟丝，塔山烟厂自行提供烟叶的成本为 35 000 元，代垫辅助材料 2 000 元，发生加工支出 4 000 元；塔山烟厂当月允许抵扣的进项税额为 340 元，该月实际缴纳增值税 10 500 元，实际缴纳消费税 18 500 元。

要求：计算该企业应缴纳的城市维护建设税和教育费附加并做相应分录。（成本利润率为 5%）

3．珠江船务运输公司属于增值税一般纳税人，2017 年购买机动船舶 1 艘，净吨位 210 吨；非机动驳船 1 艘，净吨位 200 吨；发动机功率 500 千瓦的拖船 1 艘。计算该企业当年应缴纳的车船税。（其他资料：当地机动船舶的车船税计税标准为：净吨位小于或者等于 200 吨的，每吨 3 元；净吨位 201～2 000 吨的，每吨 4 元；拖船按照发动机功率每千瓦折合净吨位 0.67 吨计算征收车船税）

参 考 文 献

财政部会计司，2008．企业会计准则讲解[M]．北京：人民出版社．

财政部会计资格评价中心，2016．初级会计资格：经济法基础[M]．北京：中国财政经济出版社．

曹庆华，王汉民，2013．税务会计[M]．北京：中国经济出版社．

盖地，2009．税务会计[M]．7版．上海：立信会计出版社．

刘颖，2017．2017年注册会计师考试应试指导及全真模拟测试：税法[M]．北京：北京大学出版社．

石旭海，张惠梅，夏昌平，2017．新编税收基础[M]．北京：科学出版社．

中国注册会计师协会，2017．2017年度注册会计师全国统一考试辅导教材：税法[M]．北京：经济科学出版社．